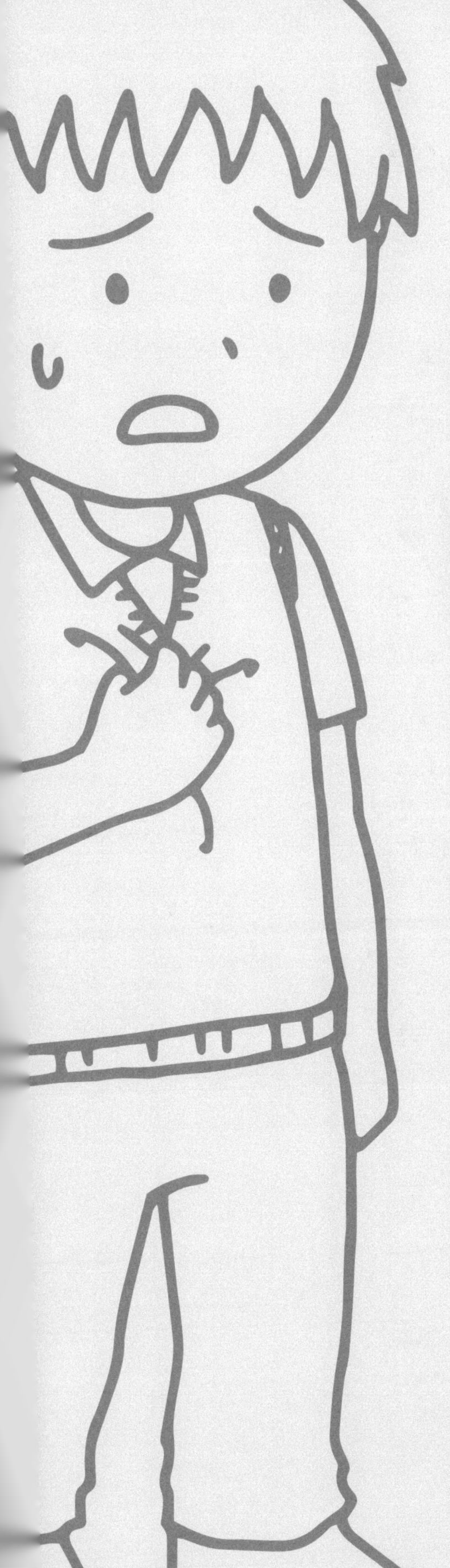

「子どもの気持ち」
と
「先生のギモン」
から考える

学校で困っている子どもへの支援と指導

日戸由刈―監修　安居院みどり・萬木はるか―編

学苑社

はじめに

本書のタイトルは「学校で困っている子どもへの支援と指導」です。読者の皆さんが日々向き合っているであろう、支援や指導が難しい子どもたちへの関わりの“虎の巻”を期待させるタイトルですが、支援と指導の前提として、まず「理解」が必要です。

「学校で困っている子ども」が、教育関係者以外にも注目されるようになったきっかけとして、2012年の文部科学省の調査があります。これによると、通常学級に在籍する「学習面又は行動面で著しい困難を示す」子どもの割合は6.5％、40人学級ならクラスに2～3名は存在することになります。学年別では、小1が最も多く9.8％、中1で4.8％、さらに中3では3.2％でした。一見すると、学年が上がれば「困難を示す子ども」は減っていくようです。これは、発達に特性のある子どもの多くが、困難を克服して学校生活に上手く適応できるようになるからでしょうか。

おそらく、そうではないでしょう。最近の研究によると、発達に特性のある子どもの多くは、青年期になると困難を感じても、周りに悟られないようにマスキングやカモフラージュをするようになることがわかってきています。彼らが自分を押し殺して周囲に合わせていると、周りの人たちからは「困難が減った」ように見えるかもしれません。しかし、当の本人はますますストレスを溜め、自己肯定感は低下していきます。

これまで、発達に特性のある子どもへの支援や指導をテーマとした書籍の多くが、小学校低学年を中心とした、特に行動面での困難が目立つ子どもを対象としてきました。本書では、一見困難さがわかりにくい、小学校高学年から中学生の「思春期」を主な対象としています。この年代の発達に特性のある子どもたちは、学校の中でどのようなことに困っているのでしょう。

本書では、読者の皆さんが「困っている子ども」に出会ったときに感じたであろうとまどいや疑問を共有しつつ、子ども本人の困り感に焦点をあて、4コマ漫画でユーモアを交えて紹介します。漫画は架空の事例ですが、どれも執筆メンバーが実際の現場で経験した場面をもとにしていますので、「ある、ある！」と読んでいただけることでしょう。そして、その困り感がどのようなメカニズムで生じているかを、特別支援教育の専門知識をもつ教員の目線から解説しています。また、エピソードごとに、特性理解や支援に役立つ「Keyword」を挙げています。特に知っておきたい用語については、解説も用意しました。読み進めながら、気づき、理解を深め、そして多様性へと視野が広がるように構成しています。

子どもの困り感を理解することは、よりよい支援への足がかりになります。虎の巻を手に入れるよりも、あなたを支えてくれるはずです。どうぞ、中学校や小学校の先生のみならず、幼児教育の先生、さらには保護者や当事者の皆さんにも、本書を手にとっていただきたいと思います。

最後に、本書の4コマ漫画や表紙を含めたイラストを描いたのは、子どもの気持ちに最も共感しやすい立場の大学生です。ぜひ、味わいのあるイラストもお楽しみください。

日戸　由刈

目　次

PART 1

先生のギモン

先生のギモン 1

もうちょっとがんばれない？

Ａさんは、数時間続くような運動会や体育祭の予行練習を、すぐに休みたがります。同じ状況でも不平を言わずに取り組んでいる子どもが多い中、そのような態度を目にすると、言葉にしないまでも、つい「もうちょっとがんばれないものか」「他の子はがんばっているのに」という気持ちをもってしまうことはないでしょうか。

 背景にある特性

このような子どもたちは、状況や経験から見通しを立てにくいことがあります。また、粗大運動に苦手さを抱えている場合もあります。普段の授業では、不器用ながらも一生懸命取り組んでいるのに、どうして予行練習では最後までがんばれないのでしょう。それは、普段の授業であればその時間がどのように流れるか、おおよその見通しがもてるからです。そして、基本は真面目な性格であることも影響します。

予行練習では、「授業で部分的に練習したことを通してみる」などと事前に説明したつもりでも、その場の状況で流れや回数が変わりやすいため、教師が想像する以上に見通しがもてず、か

なりの不安を感じている子どもがいるのです。加えて、真面目であるがゆえに、何がなんだか分からないままであっても、座れと言われれば座り、立てと言われれば立ち、右に左にグラウンドを駆け回ります。そして心身共に疲労困憊となったあげく、「ボ～ッとするな！」と怒られてしまうこともあるかもしれません。周りから見れば「もうちょっとがんばってほしい」と思える状況でも、本人にとっては「もう限界……!!」ということが少なくないのです。

さらに聴覚過敏を併せもつ子どもの場合には、スピーカーを通した大きな声や音楽、張り裂けんばかりの声援は、苦痛でしかありません。

「もともと運動が苦手だから、人前で体を動かすのが恥ずかしくて嫌なのかな？」と思うことがあるかもしれませんが、恥をかくことから逃げたいというよりも、見通しが立たず、刺激の強すぎる状況が耐え難いのだと理解しましょう。

 支援・指導のヒント

見通し不足から不安になり疲労を感じやすい子どもには、予行練習や本番の流れについて見通しがもちやすいよう、シミュレーションをするとよいでしょう。伝達・指示の内容は、口頭だけでなく、紙やホワイトボードなどに書きながら進めると効果的なことがあります。子ども本人が確認しながら動けるように、携帯できるサイズにするのもよいでしょう。

また、聴覚などの感覚過敏がある子どもには、出番以外の時間に待機する場所を用意できると、より安心して参加できるでしょう。

Keyword

□見通し　□聴覚過敏　□視覚的（な）支援（視覚化）

そんな昔のことをいつまでも……

Bさんは、周りからみると「ほんの些細な」きっかけや「特に何もなかった」状況で、突然パニックを起こして暴れたり、その場から飛び出したりしてしまうことがあります。少し落ち着いてから教師が理由を聞くと、「Cさんに悪口を言われたから悔しかった！」と説明するのですが、その出来事はもう何年も前に起きたことで、その後BさんとCさんは特に関わることなく生活をしています。Cさんからすれば「もう済んだ話なのに、何を今さら」ですし、周囲からも「そんな昔のことをいつまでも言っているなんて、Bはしつこいやつだ」と、あきれられたり、煙たがられたりすることがしばしばあります。

背景にある特性

このような子どもたちは、記憶の仕方や思い起こし方が特徴的であると言えます。過去の辛かったことや苦しかったことなどの嫌な記憶がそのまま記憶され、さらに突然、まるで今それが起きているかのような強い印象として思い起こされるのです。湧き起こる感情も、その当時からほぼ薄れることなくそのままであるため、怒りや不安、恐怖心などからパニック状態となってしまいます。これは「タイムスリップ現象」と呼ばれることがあります。

人は一般に、時間の流れとともに嫌な記憶が薄れることで、前向きに次のステップに進むことができます。嫌な記憶がいつまでも薄れることなく残り、突如その当時と同程度の感情が湧き起こってしまう生活は、とても苦痛なことだと想像されます。周囲にとっては「そんな昔のこと」であっても、本人にとっては「今現在のこと」であるかのように感じられるのです。そして爆発してしまった後には自責の念にかられ、とても落ち込んでいる場合もあります。

支援・指導のヒント

パニックの後に“今さら”と思えるような過去の話が出たとしても、それを訂正したり否定したりするのではなく、まずは本人の話を傾聴しましょう。そしてその後に、暴力はいけないなど社会的に許されないことを簡潔に伝えます。

「楽しい経験を重ねたら、嫌な記憶を“上書き保存”できるかもしれない」という表現をした子どもがいました。もともとの記憶の特性自体を変えることは難しいことです。けれども、本人にとって少しでも安心できる環境の中で、人との関わりにおける成功体験を積み、“上書き保存”を重ねることで、嫌な記憶が出てくる頻度を減らすことはできるかもしれません。

Keyword

□タイムスリップ現象　□傾聴・受容　□成功体験

態度がなってない！

Ｃさんは、授業の開始時には背筋をピンと伸ばし、鉛筆を持っていない方の手はノートに載せて、お手本のような姿勢をとっているのですが、10 分、20 分と経つうちに、肘をついたり、イスからずり落ちたり、姿勢が崩れてしまいます。また、気をつけの姿勢で立つときにも、短時間で片足重心のような立ち方になっています。

他にも、朝会などの際、ふらふらと体が左右に揺れ「落ち着きがない」様子の子どもや、整列の際、何度注意をしても前の子どもと近すぎる距離に立ち「ふざけている」子どもを見かけることがあります。授業中は近くに行ってそっと声をかけていますが、集団行動の中や真剣な話題の最中となると、どうしても「だらしない」「緊張感が足りない」「ふてぶてしい」と感じてしまいます。

 背景にある特性

このような、姿勢の崩れや体のふらつき、他者との距離感の取れなさには、固有感覚、平衡感覚、触覚といった「感覚」のアンバランスが関係していることがあります。これら３つの感覚に視覚、聴覚を加えた５つの基礎感覚が土台となり、姿勢、筋力、眼球運動のコントロール、ボ

ディイメージ、目と手の協応、注意の持続、言語機能などが発達していきます。

一人ひとりがもつ感覚の受け止め方の特徴は「感覚特性」と呼ばれます。「感覚特性」は生まれもったものであり、無くしたり直したりすることはできないものです。

 支援・指導のヒント

生まれもった感覚の受け止め方の違いを、「直す」ことはできません。ましてや気合いや根性、心がけだけでどうにかなることでもありません。大切なことは、その場に適した態度をどうにかとらせることよりも、これらの感覚のアンバランスを想像し、ある程度は許容して、その子どもが本来もっている力が発揮される機会を広げることです。他の子どもの前で注意を受けてばかりいることで自己肯定感が下がり、何に対しても自信をなくしてしまう、恥辱感から反抗的な態度をとってしまうなどの二次障害を防ぐ視点が、教師の側に必要です。

ただし、子ども本人と課題点や目標を共有し、“この時間にこれだけは”と決めた中で、土台となる基礎感覚を育て、アンバランスからくるつまずきの改善に取り組むことは可能です。その際も、教師が「この改善を図ることで子どもに何を身につけさせ、何を学ばせたいか」という指導目標を明確に設定し、基礎感覚のトレーニングという手段自体が目的になってしまわないよう、注意したいものです。

Keyword

□平衡感覚　□触覚　□感覚統合

どうして人の物を勝手に使うの？

Dさんは、となりの席の子どもの鉛筆や消しゴムを勝手に使い、しかもそのまま自分の筆箱に入れてしまうことがあります。その度に教師も周りの子どもも注意をし、Dさん本人も「あっ、ごめんっ！」「今度から気をつけます」とは言うものの、何度も同じことが繰り返されています。確かに悪気はないようですが、さすがに何度もとなると、あまり良い気分はせず、疎ましく思っている子もいるようです。

 背景にある特性

人のものを勝手に使う子どもの中には、「自他の境界」の発達があいまいという場合があります。“自分の”消しゴムを使うときに断る必要はないけれど、“人の”消しゴムを使うときには断って許可を得るべきであることが、自然とは分かりにくいのです。

また、消しゴムを使いたいと思ったときに、手が届くところに見えた消しゴムを使ってしまうという「衝動性の高さ」が原因の場合もあります。そして「消す」という目的が果たせると、次は新しく書き直すことに意識が向いてしまい、「返す」ことがおろそかになることも。さらに気

がつかないうちに、自分の筆箱に入れてしまっていることもあるのです。当然それを見た周りの人たちは驚くわけですが、悪意をもってそうする子どもは、実は多くはありません。

支援・指導のヒント

「自分のもの」と「人のもの」という意識が薄い子どもは、「借りる」というやりとりの仕方を知らなかったりすることもあります。そのような場合は日頃から、「これは誰のものだっけ？」と所有の意識づけをしたり、「使いたいときには『消しゴム貸して』と言おうね」「貸してもらったら『ありがとう』と言うと、相手は気持ちがいいよ」と、社会のルールを具体的に示したりすることが大切です。やりとりを重ね、体験的に学べる機会を意図的に作ることも効果的です。

そしてクラス全体でもルールを確認しあい、できたときには「『貸して』って言えたね！」「ルールを守ってえらい！」などと、即時評価していくことがポイントです。

衝動性が高い子どもの場合は、これらに加えて、自分のものだと区別しやすい目印をつける、人のものに手が届きにくい座席配置にするなど、物理的な面の工夫も考えてみましょう。

それでも貸し借りのトラブルが生じたときは、周りの子どもたちの話をよく聞いた上で、「悪意がなくうっかりだった」、「そういうことって誰にもあるよね」と理解を促すことも大切です。

体験的に社会のルールを学べるような小さいグループで

物を借りる場面がでてくるようなゲームをする

教室で

Keyword

□自他の境界　　□衝動性　　□ソーシャルスキルトレーニング

持ち物ぐちゃぐちゃ……

教室に入ると、ある一角だけ違う世界を感じることがあります。机の周りには荷物が散乱し、ロッカーの中は異次元空間のよう……。そう、全て整理整頓が苦手なＥさんの持ち物です。

Ｅさんは常に持ち物がぐちゃぐちゃの状態なので、他の子の持ち物やクラスの共用物を紛れこませていることも多く、紛失のトラブルがしばしば生じています。そうした中で、信頼をなくしたり、「だらしのない子」というレッテルを貼られてしまったりすることもあり、子どもたち同士の仲間関係という点でも心配が尽きません。

 背景にある特性

このような子どもたちには、これまでの経過やこの先の予定をふまえて捨てていいものと必要なものとの区別をつけることが難しかったり、片付けの途中で違うことに注意が向いてしまったり、整理整頓の段取りを頭の中だけで組み立てにくかったりする場合があります。

当事者である子どもの心がけの問題や、しつけ不足と思われがちですが、発達の特性が背景にある可能性を考えてみることが大切です。

支援・指導のヒント

子ども本人はあまり困っていないことが多いので、片付けの動機付けと習慣化が必要になります。朝の会や帰りの会の中に「片付けの時間」を作り、その時に教師が片付けの具体的なアドバイスを行うのもよいでしょう。

道具箱に仕切りをつくり、どこに何をしまうのかが分かりやすいように、絵や写真を貼るなどの工夫も大切です。クラスの共用物をしまう棚には、道具の名称だけでなく数も書いてあると、何がいくつ足りないかが分かりやすくなります。「ちゃんと片付けて」という指示は、漠然としていて、片付けが苦手な子どもには伝わりにくいものです。「ハサミを机の中の道具箱にしまってね」と、具体的に一つひとつ指示すると、スムーズに進むこともあります。

プリントは最もぐちゃぐちゃになりやすく、家庭とのやりとりに支障が出たり、提出物が出せずに成績に影響が出てしまったりすることもあります。プリントの整理は特に支援が必要なところかもしれません。低学年のうちからランドセルに直接入れるのではなく、ファイルに入れて持ち帰り、ファイルに入れて提出する習慣がつけられるよう、個別に声かけをするなどの支援が考えられます。

家庭でも子どもが扱いやすいファイルを用意し、子どもと一緒に確認するなど、丁寧な対応をしてもらうよう、早めに連携できるといいですね。

Keyword
□不注意　□構造化　□視覚的（な）支援（視覚化）

先生のギモン

6 ガサツで乱暴!?

Aさんは、学習にも係活動にも積極的で、周りの子どもたちにもよく話しかけています。しかし、「話すときとか、近くに来るときの距離が近い」「ふざけあって叩いたり押したりするときに、力が強い」と言われることが多く、周りから少しずつ距離を置かれるようになってしまいました。また、かばんや教科書の置き方がガサツだったり、他の子どもとすれ違うときにぶつかったり、教室のドアや机にぶつかって大きな音を立てたりして、乱暴なイメージをもたれていることも一因のようです。Aさんは、わざとやっているわけではないようですが……。

背景にある特性

Aさんのような行動上の特徴がきっかけで喧嘩やトラブルになり、集団参加への意欲に影響が及ぶことがあります。しかし、こうした態度・行動は、相手を攻撃しようと思っているわけではなく、「固有感覚」という無意識の感覚情報の整理が上手くできないことに起因している場合が多いのです。

私たちの多くは、目を閉じていても、自分が今どういう姿勢でいるか（肘、膝、首、足首が、どれぐらいの角度で曲がっているか、何にどのくらいの圧で接しているかなど）を説明することができます。これは、各関節の伸び具合、曲がり具合が固有感覚情報として脳に伝わり、それを整理することができているからです。この固有感覚は、各関節の角度が少しでも変化すればその都度更新されます。日常生活動作や遊びの経験を重ねるほど、更新情報が蓄積され、自分の身体の形を無意識に覚え、目を閉じていても認知することができるようになるのです。しかし、この固有感覚情報を整理することが難しい子どもは、自分の身体の幅や位置関係の把握に誤差が生じやすく、物や人にぶつかる場面が多く見られます。また、力加減や関節の動きも実感できにくいため、机の上に物を強く置いたり、人を強く叩いたりすることがあり、対人関係において誤解を受けることが少なくないのです。

支援・指導のヒント

こうした困難さは、「ゆっくり身体を動かす」「丁寧に身体を動かす」「同じ姿勢で止まっている」ことの難しさとも言えます。これらの要素を含んだ動きを教科学習や学級活動に盛り込んで、楽しみながら、乱暴に見える部分や不器用さの改善に繋げていけると良いですね。

《学習・活動の具体例》

・相手の動作、絵カード、DVDを見ながら模倣して遊び、普段とらないポーズ・動作をする
・ジャングルジムや「ツイスターゲーム」
・「だるまさんがころんだ」や手押し相撲
・ヨガやストレッチ　　　　　　　　　など

Keyword
□粗大運動・微細運動　□固有感覚　□ボディイメージ

覚えるまで書こう

Bさんは、おしゃべり好きで知識が豊富、工作や計算も得意です。教師が一度説明しただけのことも、すぐに理解してしまいます。ところがどうにも漢字だけは、苦手に感じているようです。「力のある子どもだから、たくさん練習すればきっと漢字も覚えられるはず」と考え、「毎日3つの漢字だけでいいから、覚えるまで書いてこよう」という宿題を出すことにしました。Bさんは毎日練習をしていると言うのですが、テストではさっぱり効果が見られません。

背景にある特性

文字を書くこと（書字）の困難さには、様々な理由が考えられます。

形状や位置関係などの視覚的な情報を認識することに苦手さがあるのか、記憶することに苦手さがあるのか、記憶したものを思い起こすことに苦手さがあるのか、それらはできても目と手を協応させることが苦手なのか……。書字とは関連がないように思える、聴覚的な情報の処理の苦手さが影響している場合もあります。「文字の形が整わない」「小さい“つ”や“よ”を間違える」「漢字が覚えられない」という同じ状態でも、その背景にある特性は一人ひとり異なります。

支援・指導のヒント

苦手を改善克服するには、努力が必要なときもあります。しかし、努力だけでは限界があったり、時にはその努力が全く効果を生まなかったりする場合もあります。にも関わらず「宿題だから」と子どもも保護者も必死になって、「漢字を覚える」という本来の目的が見失われ、とにかく練習帳を埋めて次の日に提出するためだけに多大なエネルギーと時間を費やしてはいないでしょうか。親子が互いに傷つけ合い、疲労困憊してしまうようなことは避けなければなりません。本人の自己肯定感はズタボロです。

このような事態を避けるための支援のポイントは、「苦手を知って得意（好き）を活かす」ことです。例えば書くことが苦手である場合、まず、その背景要因は何なのかを探ってみましょう。そして苦手さの背景がしぼれたら、次にその苦手さをフォローするための、その子どもの得意を知ることが大切です。

例えば、視覚的な認知や記憶に苦手さがあるけれども、聴覚的な記憶は得意なＢさんならば、まずは工作に関係しそうな漢字を選び、その漢字を要素に分け、それぞれを言葉で説明しながら覚える方法が有効そうです。

Keyword
□情報処理能力　□視覚認知（視空間認知）　□視覚記憶　□聴覚記憶

いつでも全力真面目

「きちんとやっているだけなのに、なんで笑われるの？」。Cさんは、真面目でどんな時も一生懸命。素直な気持ちで取り組んでいるのですが、周りの子どもから陰口を言われたりすることがしばしばあります。Cさん自身も自分のことを言われていることは感じているようですが、それがなぜなのかは分からないようで、つらい思いをしているのではないかと心配です。

背景にある特性

このような子どもたちは、『集団の中での自分』や『周囲の人の心情』に意識を向けることが苦手な場合があります。そうなると当然、周囲への「同調」や「忖度」もしない（しにくい）のです。

それは決して悪いことではありません。しかし、どうにも周囲から浮いてしまいます。そして浮いていることには気がついても、その理由までは理解できず、苦しんでしまうのです。

 支援・指導のヒント

「小学校で『まっすぐ手を挙げなさい』って教わったのに、なんでみんなちゃんとやらないんだろう」「『あなたの考えは？』と聞かれたから答えただけなのに、どうして笑われるんだろう」……子どもがそういった悩みをもつようであれば、まず「あなたは間違っていないよ」ということを伝えて安心させた上で、周囲の多くの子どもたちの心情を説明するとよいでしょう。思春期ならではの、「真面目なのは照れくさい」「言われたまま素直にやるのは子どもっぽいと思われるのでは」という気持ちなど、具体的に伝えることが大切です。

そして学級の中では、その子どもの行動について肯定的な言葉かけをしてください。周囲を注意するよりも効果的です。どの子の心の中にもいる「がんばりたい自分」に光を当てるような関わりを意識したいものです。笑ったりからかったりする子どもに同調するような姿勢はもちろんのこと、そのような行動が表出している時、教師が聞き流すことは避けたいものです。暗黙の同調になってしまいます。どの生徒に対しても、思春期ならではの複雑な心情に寄り添いつつ、「すなおに全力でがんばることは素敵なことだよ」と伝えていきたいですね。

Keyword

□暗黙の了解　□メタ認知　□自己肯定感　□二次障害

先生のギモン

9 聞いてはいるけど……

控えめで、絵を描くのが得意なＤさん。休み時間には、教室で友達とおしゃべりをして過ごしているし、授業中も教師の話をうなずきながら聞いています。教師が黒板に書いた内容も、ゆっくり一生懸命にノートに写しており、授業態度はまじめです。しかし、テストになると全く点数が取れません。ある日の社会科の時間、こんなやりとりがありました。

先生：　「武士として初めて大臣職を手にした平清盛は……」

Ｄさん：「(ブシトシテ……ダイジンショク？……タイラノキヨモリ ?!)」

「？？？」

「先生、ダイジンショクって、美味しいんですか？」

「タイラノキヨモリって、どんな盛り付けですか？」

先生：　「(美味しい？)（盛り付け？)」

「？？？」

どうやらＤさんは、「大臣職」を「だいじん食」ととらえ、さらにそこから「平清盛」を特別な盛り付け方だと連想したようなのです。

背景にある特性

このような子どもたちは、聞いたり読んだりした言葉と、その言葉がもつ意味や概念がうまくつながらない状態にあると考えられます。こうした状態は、生まれもった認知機能の特徴として、言葉の音の響きや表面的な意味にとらわれやすく、文脈や相手の意図に沿って柔軟に意味をくみとることが難しいために起こります。

支援・指導のヒント

Ｄさんの場合、本人と相談し「授業中に意味がとりにくい言葉が出てきたら、丸で囲んで調べる」ことに決めました。また、どの教科でもその場ですぐに調べられるように、電子辞書を持ち込むことも許可しました。

教師の側も、言葉だけの説明にならないように、文字にしたり、写真やイラストを使ったりするなど、言葉のもつ意味やイメージが視覚的に伝わるように工夫しました。

そして、“絵を描くこと”というＤさんの得意を活かし、文字だけで分かりにくいときにはノートや教科書にイラストを描いて補足する方法を提案したところ、「この方法だと言葉の意味がとりやすいし、自分のとらえ方がおかしいときにも気づきやすいです！」と功を奏しました。

Keyword

□視覚的（な）支援（視覚化）　□語用論

先生のギモン 10

もう少ししっかりやって！

教師や周りの子どもから見ると、Ｅさんの行動は、やる気がなくさぼっているように見えます。周りの子どもたちは、始めこそ優しく声をかけていましたが、何回言ってもＥさんが動かないので、だんだんと厳しい口調になっていき、最後には互いに嫌な気持ちになってしまうことがしばしばあります。

教師としても、もう少ししっかり当番をしてほしいと思うのですが……。

背景にある特性

「や～っと授業が終わった……！」「待ちに待った給食！　でも今週は当番だった……いやだなあ」「５分で並ぶなんて無理～」

多くの子どもが、このようなことは思いつつも給食当番という仕事をこなしています。しかし中には、“当たり前に”当番の仕事をすることが難しい子どももいるのです。

日常の様々な活動は、実は多くの工程から成り立っています。こうした子どもたちは、多くの工程を効率よく、時に臨機応変にこなしていくことが難しいために、どこからどのように手を付けたらよいかを見失い、身動きが取れなくなっているのかもしれません。

 支援・指導のヒント

Ｅさんへどう関わっていったらよいか、学級担任、学年主任、特別支援教育コーディネーター、校長で問題解決型ケース会議を行いました。会議では、Ｅさんの問題となる行動、目標、問題の背景要因、支援に活かせそうな長所、これらをふまえた具体的な支援策について話し合いました。

会議ではまず、給食当番の準備から実行までの工程を細かく分けて、Ｅさんがどこで困っているのか点検しました。当番の子どもたちは、①４時間目の授業の教科書、ノート、筆箱の中身を片付ける、②トイレに行く、③手を洗う、④うがいをする、⑤白衣を着る、⑥マスクをする、⑦並んで給食室に移動、この７工程を５分程度で行います。Ｅさんは特に、白衣を着るとき（工程⑤）に苦労しているようでした。

話し合いの結果、着脱しやすいサイズの白衣を用意し、「１週間に２回、自分で白衣を着る」という目標を立てました。自ら行動を起こせたら、教師はすぐに評価を返すことにもしました。

目標を焦点化し、取り組みへの評価が与えられることで、Ｅさんの行動開始の動機付けが明確になりました。また、大きめの白衣に特別感を感じたことも、やる気へとつながったようです。

Keyword

□問題解決型ケース会議　□即時評価　□短期目標　□長期目標

はぁ……、またケンカ?!

休み時間、廊下から「先生!」と呼ぶ声と共に女の子たちが走ってきました。「AさんとBさんがケンカしてます!」。急いで現場に行くと、AさんがBさんに馬乗りになっています。慌てて二人の間に割って入り、理由を尋ねると、始めは互いにちょっかいを出していたのがエスカレートしたということが分かりました。この二人、いつもこのパターンで衝突しています。

給食の準備が始まると、ふたたび女の子が「先生、またケンカしてます!」。今度は、BさんがAさんに馬乗りになっていました。さすがに「またか」という思いがぬぐえません。

「ちょっかいを出してはダメ」「お互い近づかないように」と、毎日、毎時間のように注意しても、同じことの繰り返し。クラスの子どもたちからも、「またか……」の声がきこえてきます。

離れさせようとしても、どうにも吸い付けられるように近づいていってしまう二人。ケンカをなくすには、どうすればいいのでしょう。

背景にある特性

こうした子どもたちには、目的に合った形でコミュニケーションを適切に切り出し、維持することの困難さがあると考えられます。注目したのは、ケンカになる前は必ず「どちらかがちょっかいを出している」ということです。ちょっかいを出す根本には、“かまってほしい”“関わりをもちたい”という気持ちがあります。しかし、コミュニケーションの取り方が上手でない二人は、ちょっかいを出すという行動をとっていたのでした。

①かまってほしい　②ちょっかいを出す　③ケンカで相手と関わりが生まれる

支援・指導のヒント

そこで、近づいてしまう二人を離すのではなく、近づいたときにどうすればお互いに心地よい関わり合いができるのかを教えることにしました。

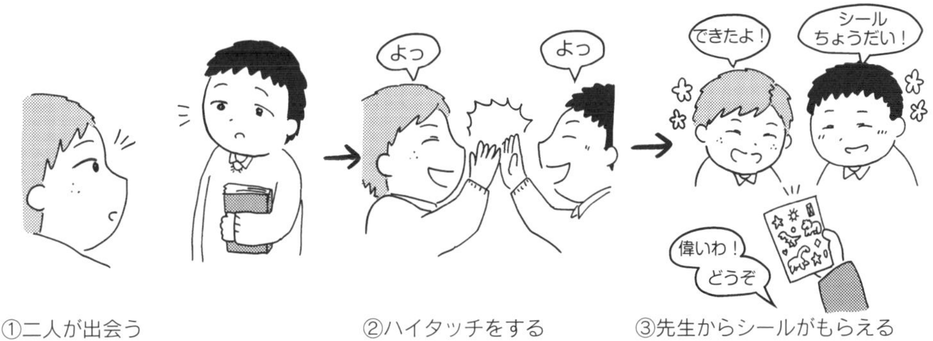

①二人が出会う　②ハイタッチをする　③先生からシールがもらえる

出会ったらハイタッチをすることにし、そのままケンカせずに過ごせたら、先生からシールをもらえるという約束にしたのです。初めはシールをもらうため、出会うたびにハイタッチを繰り返し、多いときには 1 日で 20 枚ずつシールをもらうこともありました。しかし、これを繰り返すことで、ちょっかいを出して相手との関わりをもつという行動から、ハイタッチで関わりをもつという、周りも受け入れやすい範囲の行動に置き換えることができるようになりました。

Keyword

□代替行動（行動の置き替え）　□応用行動分析（ABA）

あれ？ またいなくなっちゃった!!

「先生！　Ｂさんがぞうきんがけをやってくれません！　またいなくなっちゃいました!!」こんな訴えを、そうじの時間に子どもたちがしてくることがよくあります。

ところが別のある日のことです。今日のＢさんの分担は「ドアレールのほこり取り」。クラスで一人だけの役割です。するとどうでしょう。Ｂさんは、他の子に注意されるでもなく、金属さじを器用に使いこなし、一心不乱にそうじをしているではありませんか。「牛乳パック洗い」が分担の日も同様です。一人だけの役割分担の日のＢさんは、そうじの時間になるといなくなってしまうような子には、とても思えません。

背景にある特性

役割を分担して行うそうじの時間は、授業中とは違って、活動のゴールや一人ひとりの責任の範囲が見えにくい時間です。複数名で担当する場所ならばなおさら、それぞれの作業の進み具合を見ながら臨機応変に分担することが求められます。状況を読み取り、行動を調整するのが苦手な子どもにとっては、難易度の高い活動と言えるでしょう。

Ｂさんがまるで自由時間のようにふらりといなくなったり、かと思えば熱心にそうじに取り組んだりするのは、自分のやるべきことがわかりやすいかどうかに起因していると考えられます。Ｂさんが持ち場からいなくなってしまうのは、ほうきやぞうきんがけなど、複数人で共同作業をしなければならない日が多かったのです。ドアレールのほこり取りや牛乳パック洗いであれば、役割分担がＢさんしかいないことによって、全て自分がやるのだということが明確になります。そうなると、一心不乱に目の前のことに集中できるＢさん本来の強みが発揮されるのでした。

 支援・指導のヒント

そこで、Ｂさんがぞうきんがけを分担する日には、次のような手立てを考えてみました。教室の床タイルに沿って区画をつくり、Ｂさんの担当するエリアを明確にしたのです。そのエリアはＢさんに任せ、他の子は手伝わないというルールも決めました。結果は大成功。Ｂさんはいなくなるどころか、丁寧にぞうきんがけをこなしました。周りの子もＢさんを褒め、認めてもらえたＢさんもうれしそうにしています。クラスに好循環が生まれたきっかけとなりました。

臨機応変な対応や人との関わりが苦手な子どもであっても、強みに合った個々の役割を与え、やるべきことを明確にして、共同作業への参画を促す。クラス運営の大切な手立ての一つです。

Keyword
□構造化

先生のギモン

13 ある日突然!?　不登校

Ｃさんは、小学校入学当初から特に大きなトラブルもなく、学習面でも大きな課題がみられたことはありません。休み時間はクラスの数人と一緒に居ることが多く、そうじの時間や行事などでも周りの子どもと一緒に活動しています。しかし、中学生になったある日から、お腹が痛いと言って学校を休むようになりました。家庭や学校ではこれといった原因は思い当たらず、病院で精密検査を受けても、病気は見つかりませんでした。本人に聞いてみても、「特に何があったというわけではないんだけど……」と、学校に行けない理由が分からず悩んでいるようです。

背景にある特性

それまで順調に経過していると見ていた子どもが、小学校高学年や中学生になる頃、大人からすると「ある日突然」と思える形で不登校になることがあります。こうした子どもたちは、自分の辛さを客観視したり言語化したりできないことが考えられます。実は幼少期から、なぜみんなが笑っているのか、なぜ同じ方向に進むのかなどの状況理解ができておらず、疑問や不安が蓄積していることがあるのです。にも関わらず、周囲に合わせることだけに専念して生活しているために、意識せずに積み重ねてきた我慢の限界がきて、「ある日突然」不定愁訴となって現れるというわけです。本人が「特に……」と言っている場合でも、保護者や教師に心配をかけたくない、弱い自分を見せたくないゆえかもしれませんので、その言葉を鵜呑みにすることは危険です。

 支援・指導のヒント

大きなトラブルもなく、何となく集団行動ができているような子どもの SOS をみつけることはなかなか難しいことですが、時にはそのような視点で子どもたちをみることも必要です。

自己理解が進み、当時の状況を言語化できるようになった際、「学校って、予告もなく大声が聞こえたり、突然何かがぶつかってきたりして、登校するときは毎日ジャングルに放り出される気持ちだった」とふり返る子どもがいました。「触覚過敏があって、冬の体育のときには風が吹くたびに針で刺されるように痛くて辛かったけれど、先生が『寒いけどがんばろう！』と言っていたから、みんなもこの痛さに耐えているんだと思って、言わずにいた」と語る子どももいました。

もし先にあげた背景が疑われるような子どもがいた場合には、一度じっくりと時間をかけて、一緒に「この子どもにとっての学校での１日」をふり返り、負担軽減できることがないかを検討してみましょう。保護者に幼少期からのエピソードを聞くなどして、学校と家庭で協働し、生活のペース配分を考え、「何も気にせずゆったりと休憩する日」を定期的に設けるなども、長期的に見て、学校生活を続ける秘訣になることがあるかもしれません。

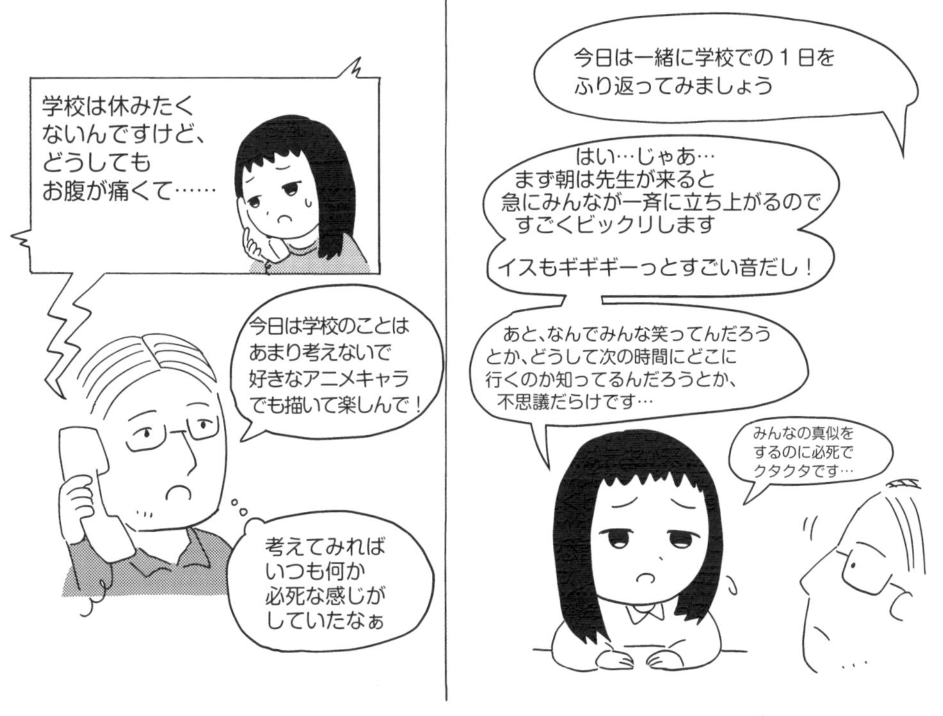

Keyword
□受動型　□積極奇異型　□過剰適応　□不定愁訴

しゃべれるんでしょう?!

Dさんは、学校では何を聞かれても、全くしゃべりません。しかし学校以外では、どうも元気におしゃべりをしているようです。このように、「家ではよくしゃべるんですけれど……、校門を一歩入ると話をしないんです」という子どもがいます。程度はそれぞれに違い、全く話さない子どももいれば、親しい友達とは小さな声で話せる、声は出せないが頷くなどある程度の意思表示はできる、など様々です。

 背景にある特性

Dさんをはじめ、こうした子どもたちに共通しているのは「わざとそうしているわけではない」ということです。しかし家ではとても元気に話していたり、学校を出ると話せたりするのを見ると、「本当は学校でもしゃべれるのでは？」「気持ちの問題だ」と思われ、学校の中でもなんとかしゃべらせようとされ、本人がとても苦しい思いをすることがあります。学校の中でしゃべらない子どもたちは、ベースに学校生活への強い不安を抱えています。しゃべらないことで、不安な状態から身を守っていると考えられます。

支援・指導のヒント

発表の順番が来ると固まる、問いかけても答えないなど、「あれ?」と思ったときには、その場で無理に発言を強要したり返事を迫ったりするのではなく、一旦その状況を流して様子を見ることも大切です。日常を観察し、保護者とも連携して、子どもの状態をしっかり見立てましょう。子どもによって、不安を感じることには違いがあります。「人」「場所」「活動」に分けて、どこではどんな様子なのか、またその時の発話の状態はどうなのかなどを知ることが大切です。

そして見立てをもとに、それぞれの子どもの安心感を広げていくことが大切になります。「発話」だけにこだわらず、楽しくコミュニケーションができたという体験の積み重ねが、子どもの安心感を育んでいきます。例えば、「〜してるみたいだね」「〜ってことじゃないかな」など、その時起こっていることを教師が話したり説明したりするような“返事を求めない会話”から始めて、コミュニケーションをとるとよいでしょう。また、質問であれば、発話せずとも答えられるように、首を振ってイエス/ノーを伝えれば済む聞き方にしたり、選択肢を提示して答えを選べるようにしたりすると比較的スムーズです。交換ノートなど、文字でのやりとりも効果的かもしれせん。言葉だけの表現だけにこだわらず、本人が安心できるコミュニケーションの方法を探ることが大切です。

学年が変わり、担任が変わることは、こうした子どもたちにとっては不安が高まりやすいので、保護者とも連携して、しっかりと「個別の教育支援計画」や「個別の指導計画」などで情報を引き継ぎ、継続的な支援ができるようにすることも重要です。

Keyword

□場面緘黙　□ノンバーバルコミュニケーション　□オープンクエスチョン
□クローズドクエスチョン

ボーッと・ジーッとしてるのは、なぜ？

Ｅさんは授業中、机の上に突っ伏したり、だるそうに姿勢を崩したりすることが多くみられます。実際、先生に当てられても話を聞いていなかったということがよくあります。そして表情もあまり変化がなく、クラスの友達からも「やる気がない」と思われてしまっています。

しかし、よくよくＥさんの様子を見ていると、日によっては活気があったり、体育とその次の授業では積極性がみられたりと、決して全ての場面で「やる気がない」わけではないようです。

 背景にある特性

このような子どもの状態には、「覚醒レベル」の低さや「筋緊張」の低さが影響している可能性が考えられます。

覚醒レベルの低さは、生活リズムの不安定さや感覚処理の特性などに起因し、単一の理由から生じる場合もあれば、複合的に生じている場合もあります。筋緊張が低いと、姿勢保持のために無意識に体を固めてしまうため、疲れやすかったり、肩や首・背中が凝って体調がすぐれなかったりすることがあります。その結果、無気力で活気がないように見えている可能性があります。

筋緊張が低い場合に課題となるのは、姿勢を「保持する」力であり、運動で身体を「動かす」

ことは苦手ではない、というケースも少なくありません。運動後は一時的に身体がほぐれて使いやすい状態となり、活気もあるように見えますが、一方でしばらくすると疲労度が増して、再び机に突っ伏してしまうといった状況も見られます。

支援・指導のヒント

子どもたちがやる気がないように見える要因が、ここで挙げたような特性であった場合、本人の「気持ち」や「やる気」とは別の視点で支援を考えることが大切です。特性を見落として本人のやる気や性格に要因を求めると、二次的に活動参加への意欲低下を来たしたり、不用意に自己肯定感の低下に繋がってしまったりすることもあります。

【覚醒レベルを高め、安定させるには……】

・毎日の生活リズムを一定にする
・休み時間にダイナミックな運動を行う
・授業中、「席を立つ」動きを課題に含める（例：教卓まで提出物を出しにいく）
・授業中、体を動かす機会を取り入れる（例：適宜の背伸び、係活動として黒板消し）
・椅子をバランスボールやクッションなどに変え、常に刺激が入るようにする　など

【筋緊張を適度に保つには……】

・本人が姿勢保持をしやすい高さや形状の机・椅子の使用

覚醒レベルや筋緊張は、自覚しにくく、また周囲からも把握しにくいものです。様々な対応策を実践する中で、本人の得た感触や変化を振り返り、「本人と共有する」ことはとても大切です。

Keyword

□生活リズム　□筋緊張　□覚醒度（覚醒レベル）　□疲労

column 1 こんなとき、どうする？ ——指導・支援の“応用テクニック”

「注目されたい！」気持ちをうまく活かす

「人と違うことをやって、みんなから注目を浴びたい」という子どもがいます。そのこと自体は悪くないのですが、そのための方法が集団の状況やルールに合わないと、周囲から迷惑がられ、煙たがられてしまうこともありますよね。

あるクラスでは、「授業の間の５分休みでは、次の授業開始までに声をかけあって座る」というルールがありました。ところがＡさんはいつも最後まで立ち歩いているのです。

「Ａさん座ってください」「Ａさん座ろう！」「Ａってば、いい加減に座れよ !!」

周りからの注意はどんどんエスカレートし、「あいつばっかりズルい」という声も聞こえてきました。さて、あなたが担任だったら、どうしますか？

Ａさんは、いつも最後に座ることに優越感や満足感を感じているようです。こうしたＡさんの気持ちを頭ごなしに否定せず、誰もが納得できる着席の促し方は……と考え、「タイマー係」を新設することにしました。タイマー係は、５分休み開始と同時にタイマーを「４分 30 秒」にセットします。そしてタイマーが鳴って子どもたちが座り始め、全員が着席したことを確認したら、係はタイマーを止め、自分も着席します。このタイマー係にＡさんを任命したのです。

しかし、係を決めて解決ではありません。ここでの対応のポイントは、タイマーの合図で着席を始める子どもたちの行動を改めて評価すること、そしてタイマー係の役割を遂行し着席できたＡさんの行動を、皆で喜べるように導くことです。遅れて着席して指摘されることで注目要求を満たすのではなく、役割を果たしてほめられ、喜ばれて満たされるという、“好循環のループ”につなげたいですね。

一触即発を回避する、自分だけの「おまじない」

普段は学級内で目立つタイプではないのに、ちょっとしたきっかけで声を荒げたり、周りに手を出したりしてしまう子どもがいます。落ち着くように声をかけても、カッとなった後ではなかなか収まりません。実は子ども本人も、自分自身で止められないことを悩んでいる場合があります。

ある日、体育の授業で準備運動をしていたら、Bさんの手と隣の子どもの手が、強く当たってしまいました。いつもならBさんはそのまま大声で怒鳴ってしまうような場面ですが、その日はたまたま「はい、深呼吸～」という準備運動のタイミングや掛け声と重なり、流れで深呼吸をし、踏みとどまることができたのです。

このように、自分自身で衝動をコントロールするためのきっかけ作りは、集団参加や社会参加への準備として、とても重要なアプローチです。言葉かけ（例：「気にしない、気にしない……」と繰り返す）や視覚的ヒント（p.115「パワーカード法」参照）もきっかけとして有効ですが、深呼吸、簡単なストレッチ、手首に触れて自分の脈を感じる、口に水分を含む、お腹に手を当て温めるなど、本人が受け入れられる方法で身体の変化にフォーカスを当ててみることによっても、落ち着きを取り戻せる可能性があります。

「気持ちが落ち着かなくなりそうだったけれど、こうしたら踏みとどまれた」という自分だけの「おまじない」を子どもと一緒に考え、作っていけると良いですね。実際に試して、上手くいったときには“おまじないが効いたね！”と強化し、子どもが自分の方法に自信をもてるよう後押ししましょう。Bさんも、時おりトラブルが起きることはありますが、深呼吸をすることで落ち着ける場面が少しずつ増えてきました。

子ども同士の注意がエスカレート！イライラ・ピリピリを和らげる、シンプル・ルール

Ｃさんはとってもマイペース。そのため、周りの子どもたちからしょっちゅう注意されてしまいます。そしてその度に、イライラしてふてくされたり、くよくよしてすねたりしてしまうのです。Ｃさんにとっては、周りの子どもが良かれと思ってかけた支援の声も、単に耳の痛いもの、胸をざわつかせるものなのかもしれません。一方Ｃさんが声かけを全く聞き入れずに無視したり、時には反発したりするので、周囲にとっては、かなりのストレスがかかっています。周りの子どもたちが担任のところへ、顔を真っ赤にして気持ちをぶつけにくることもしばしばです。

そんなストレスがクラスの中にじわじわとたまり、気づけばどの子の注意もエスカレートして、Ｃさんはかえって大反発！　教室はカオス状態になっていました。こんなとき、イライラ・ピリピリした空気を和らげるために、あなただったらどうしますか？

実際にうまくいった、シンプルな手法をご紹介します。

「誰かが一度注意したら、もう注意しない。後は先生の出番」というルールを作ったのです。多くの子どもにとって、自分のペースを貫きルールからも外れた存在は、気になって仕方がないものでしょう。けれども、どんな行動であっても誰かが注意をしたら、それでおしまい。誰かが注意をしたその時点で、「みんなは、正しいルールややるべきことを伝えているね。クラスメイトの役割を十分に果たしているよ」と、教師が価値づけることは大切なポイントです。

このルールにより、これまで寄ってたかって注意していた子どもたちが、一度の注意で終われるようになったのです。この関わりを地道に積み重ねていくうち、徐々にＣさんにも変化が表れました。しつこく注意されなくなったせいか、声かけを聞き入れて、行動を改めることができるようになってきたのです。あれだけみんなが注意しても効果がなかったのに、周囲の環境を調整しただけで……まるで「北風と太陽」ですね。

PART 2

子どもの気持ち 前編

「知らない」「別に」「忘れた」「……」

先生：　「なんであんなことをしたの？」

Aさん：「知らない……」

先生：　「人をたたいておいて、知らないはないでしょう。理由は？」

Aさん：「別に……」「何もしていないのに、あいつがいきなり襲いかかってきた」

先生：　「その前に自分が何かしたんじゃないの？　先に手を出すとか」

Aさん：「……忘れた」

先生：　「先生が止めたときに何か叫んでいたけど、腹が立ってたんじゃないの？」

Aさん：「……（しつこいなあ……でも、本当に知らないし、忘れたんだってば……！）」

 背景にある特性

子ども同士のトラブルが起きた際、事実確認をしようとして、子どもがこうした反応を示すと「反抗的」「無気力」「無責任」と感じ、ついついムカッとしてしまうことはありませんか。確かに思春期に入り、大人に対する反抗心から、故意にこのような態度をとる子どももいるかもしれ

ません。けれども中には、本当に自分がなぜそのようなことをしたのかなんて「知らず」、自分は「別に」何もしていないと思っているし、前後に起こったことなんて「忘れて」しまい、自分の内に湧き起こっていた感情を聞かれても分からない……という子どももいるのです。

こうした子どもたちは、見えたこと、聞こえたこと、感じたことに対して、衝動的に反応する傾向が強い場合があります。さらに、他者の視点に立って物事を捉えることが苦手で、自分自身の印象が強い部分から（時にはその部分のみ）話すこともあります。また、自分の中に湧き起こっている感情が何なのか、モニタリングすることも苦手です。加えて、耳から入った複数の情報を頭の中にとどめ、それらを整理・統合して理解することが難しい場合が多く、口頭のやりとりだけで状況を確認しあうことは、彼らにとって非常に負荷が高い作業なのです。

そのような負荷のかかる場面で、初めは教師に対して反抗する気持ちがなかったとしても、「そんなはずはない」などと言われ続けたらどうなるでしょう。「本当のことを言っているのに怒られる」という負の経験になり、二次障害として反抗的な態度が現れることもあります。

 支援・指導のヒント

特に聴覚情報の処理の苦手さを補うため、ノートや黒板などを利用して子どもの話を書き留め、一緒に時系列や出来事を整理します。子どもがいつの・何の話をしているのか、教師が何を知りたいと思っているのか、視覚化によって互いの理解が進むことがあります。その上で、社会的に許されないことはその理由とともに示すと、指導の効果が見られやすくなるでしょう。

また、事実確認が済み、落ち着いた状態になってから、「たたく直前には“驚き”、すぐに“怒り”に変わったんだね」「そのあと自分だけ怒られて“イライラした”のかもしれないね」など、子どもの感情に名前をつけ、内言の発達を促してみましょう。自分の気持ちを言葉で表すことができるようになると、行動面が落ちついてくることもあります。

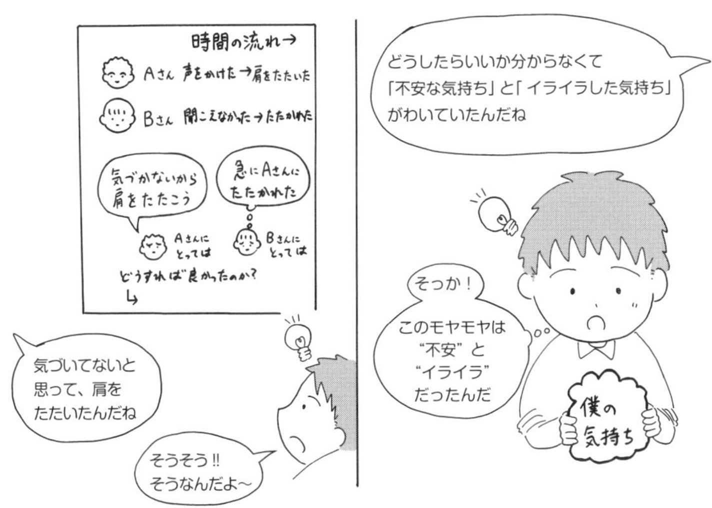

Keyword
□衝動性　□ワーキングメモリー　□内言

「最悪」「うざい」

毎日のように、休み時間は校庭で元気よくドッジボールをしているＢさん。しかし、「ボールが当たった！」「当たってない！」と、友達ともめながら教室に戻ってくることがしょっちゅうです。

そのうちに「あいつはいつもオレばっかり狙ってくる！」と感情的に……。自分の席に着いてからもその怒りと悔しさは収まらず、机に伏して泣きながら「最悪！」「うざい！」と繰り返しています。周りの子どもが声をかけても効果がなく、「最悪」の一点張りです。

先生が教室へ入ってきました。机に伏したＢさんは、先生をチラチラ見ながら、「最悪」「うざい」とつぶやいています。それに気づいた先生が、「どうした？」と声をかけたとたん、相手への文句が噴出！　ただ、話の主語がなく、時系列もバラバラで状況がよく分かりません。「だって、うそって……（オレ悪くない！　オレばっかり責めないでよ！）」けれども先生は、「時間だから、後でね」と告げて、授業を始めました。「（話を聞いてほしいのに…もう…最悪…）」

 背景にある特性

こうした子どもたちは、自分自身の感情や要求を適切な形で表現することの難しさをもっています。自分の言い分や、自分の思いを聞いてほしい気持ちを素直に表現しているとも言えますが、背景には、どのように表現すれば相手に誤解なく適切に伝わるか、客観視して社会的な形に調整することが難しいという特性があると考えられます。

 支援・指導のヒント

状況や自分の感情を客観的に捉えることが苦手なＢさんには、視覚的に情報を整理できるホワイトボードを使った解決法を提案しました。

図のように、Ｂさんと担任それぞれがペンを持ち、Ｂさんの「最悪」という気持ちが沸き起こった状況を絵や文字で表して、視覚的に把握できるようにします。Ｂさんの「最悪」という言葉の中には、「当たって悔しい」「本当は、ケンカせずにもっと遊びたかった」という気持ちがありました。このように感情を相手に伝わるように適切に表現する（感情の社会化）ことで、Ｂさんの気持ちが整理されます。また、担任とホワイトボードに出来事や気持ちを書くことによって、視覚的に整理され、Ｂさんにとって何が起こったか分かりやすくなります。担任にとっても状況が把握できるので、Ｂさんの気持ちも理解しやすくなり、結果、Ｂさんも受け入れてもらえたと感じることができます。

混乱したとき・困ったときはホワイトボードに書いて整理するという支援を続けたことにより、Ｂさんには相談してよかったという成功体験が積み重なってきました。今では、怒りながらも「先生、あの書くヤツをやってください！」と自ら言ってくるまでになりました。Ｂさんにとって、困ったときの自己解決の方法が、だんだんと身に付いてきています。

Keyword

□視覚的（な）支援（視覚化）　□感情の社会化　□メタ認知　□支援要請

子どもの気持ち

3 自分で決めたルールなら

“授業は座って受けること”……誰もがわかっているはずのルールです。しかしCさんは、課題が終わると、隣の子どもに話しかけたり、席を立って教室のモニターやリモコンをいじったり、学級文庫から本を取り出したりしています。周りの子どもたちからは大ブーイング！

「課題が終わったんだから、別にいいじゃないかっ！ ルール、ルールって、みんなうるさいなあ!!」

 背景にある特性

ルールやマナーを守らず、一見「自分本位」「自分勝手」「自由気まま」「協調性なし」と見える子どもたちには、物事の意味や見通しを場の状況から自然とつかみにくい、暗黙の了解が分からない、といった特性があるかもしれません。

そのような子どもたちの中には、一方的に与えられたルールは守らないけれども、自分が納得して決めた（受け入れた）ルールであれば、誰よりもきっちりと守る子どもがいます。つまり彼らにとっては、なぜそのように決められているのか、その理由や仕組みが了解できるかどうか

が、適切な行動を起こす動機付けになっているのです。

 支援・指導のヒント

子どもたちにとって、「ルール」はその大部分が、すでに決められていることが多いものです。各種法律、身近なところではスポーツの試合規則や校則・スタンダードまで、与えられたものを守る、それがルールです。担任の先生が決めたもの、学校が決めたもの、そして一般常識と思われていることなど、子どもたちにとっては決められた範囲の中で生活していくことを求められることがほとんどで、集団生活の基礎を学ぶ学校教育において、これは核となる部分ともいえます。

けれども学級では、子どもたちでルールを作ることもあります。学級会を開いてみんなで生活のルールを決めることは、どの学級でも多かれ少なかれ経験しているはずです。そうやって自分たちで決めたルールは、与えられたものよりも、より強く子どもたちの規範意識を高め、効力を発揮することがしばしばです。

Cさんがルールを納得して受け入れやすいよう、スモールステップを組んで指導することにしました。まずは教師側が、絶対に譲れない守るべきルール、許容範囲の中で落としどころを見つけてハードルを下げられるルールと、優先順位を整理するとよいと思います。そして、子どもにルールの理由や仕組みを説明します。この時、情報が多すぎて、かえって混乱させてしまわないよう、内容の核心を短くまとめること、視覚的に伝えることも大切です。

こうしてCさんは、だんだんと学級のルールに近づいていくことができています。

1ヵ月後
最近すっかり
立ち歩かなくなりました
いいですよ！
次は読書をする時間を
決めてルールに
追加してがんばろう！
何分ならできそうですか？
う～ん、15分かな
やってみる！

Keyword

□ソーシャルストーリーズ™

なんで毎年クラスが変わるの？

1
担任の△△です
1年間楽しくやろうな！
△△先生
なんかこわい…
１年の○○先生は
面白かったのに
2
ドッジボールやろうか
やる！
ぼくもやりたいけど
知らない人達だし…
3
キョロ
キョロ
あれれ？
1年のときと
やり方違う
こっちだよ
4
ぞうきんは
まだでしょ
あれれ？
そうじの
やり方も
違うのか
なんで
クラス替え
なんてある
のかな…

入学当初、学校になじめず保護者が付き添っていたＤさん。２学期になるとクラスに慣れて、付き添いは要らなくなり、３学期にはのびのびと過ごせるようになっていました。しかし、２年生に進級すると、またしても暗い顔をするように……。新しい先生やクラスメイト、クラスのルールになかなかなじめないようです。休み時間も誰と遊んでいいのかがわからず、周りで遊んでいる子どもたちの様子をボンヤリ眺めています。「知らないこと、違うことばっかり……なんで毎年クラスが変わるのかな……」

「このごろ、学校、つまらないな……」とつぶやくＤさん。家族は心配でなりません。

 背景にある特性

どんな子どもにとっても（もしかしたら教師にとっても？）、学年の始まりである新学期は不安なものです。どれだけ適応しているように見えていても、新しい環境や人間関係に、人は多かれ少なかれストレスを感じるからです。

しかし、Ｄさんのように、新奇場面において見通しを立てることや集団内の暗黙の了解を読み

取ることが苦手、コミュニケーションスキルが乏しく対人関係の構築が苦手といった特徴をもつ子どもたちにとっては、このストレスを乗り越えていくことは容易ではありません。

支援・指導のヒント

Ｄさんに「大丈夫、そのうち慣れるから」「平気平気！　みんな最初はそんなのものだよ」などと声掛けをすることは、あまり意味がありません。「大丈夫じゃないよ!!　先生はわかってくれない……」と、かえって逆効果になることすらあります。

まずはＤさんが安心してやりとりができる場面（状況）を設定し、Ｄさんの不安なことや心配なことを聞き取ってみましょう。そして、「Ｄさんは、新しいことが苦手なんだね。１年生の最初もそうだったよね。でも、１学期の間に繰り返し取り組んだら、１学期の終わりごろに慣れることができたと思うけど、どうかな？」というように、Ｄさんの気持ちに共感しつつ自己理解を促し、成功体験を思い出しながら寄り添うことが大切です。他にも、分からないことを聞きやすいよう面倒見の良い子やモデルとなる子を近くの席にすることや、クラス替えのたびに当番や持ち物のルールが変わることのないよう、“○○学校のスタンダードルール”を作ることも有効です。

また、子どもが通級指導教室に通っている場合は、年度末・年度初めの本人の様子や具体的な対応について、在籍校（在籍級）・保護者・通級で情報共有することや、６年生であれば、小学校から中学校への引き継ぎも重要ですね。

Keyword

□新奇場面　□想像力（イマジネーション）　□自己理解

「消すのがはやい！」「待って！」

「（まだ消さないで～……）」

この言葉を、１日に何度も心の中で叫んでいる子どもがいます。また、黒板を写すこと自体、もうすっかり諦めて、ただじっと時が流れるのを待っている子どももいるかもしれません。

Ｅさんは、なんとか授業に遅れまいと、「先生、消すのがはやい！」「待って！」と声に出していた時期がありました。しかし、がんばって書いてもどうにも間に合わないことに加え、「またかよ」「おそっ！」などのクラスメイトから揶揄される言葉に押され、悔しい気持ちを筆箱の中の文具に向けるしかなくなっていました。そのせいで消しゴムや鉛筆は傷だらけです。

そんなＥさんの姿は、周りには“意欲がない”“やる気がない”と映っています。

背景にある特性

板書されたことをノートに書き写すのにとても時間がかかる要因は、実に様々です。黒板の内容を手元のノートに写すまでに覚えていられる量がとても少ない、黒板を見てその視線をノートに移すという眼の運動に苦手さがある、黒板に書かれている文字の識別が難しい、ノートの罫線に合わせて文字を小さく書くことが苦手である、などが考えられます。そして、これらのどれか一つによって生じることもあれば、複数が絡んで生じることもあります。

「ノートに写すことに全精力を使い、先生の説明など学習内容が全く頭に入ってこないまま授業が終わってしまう」という訴えを子どもから聞くこともあります。どの教科でも板書の途中までしか写すことができず、日々不完全感が積もっていくと、疲れきって長期の欠席に入るようなことにもつながりかねません。

支援・指導のヒント

ノート提出の際に思いのほか書きもらしが多い子どもや、頻繁に板書のスピードについて訴える子ども、またやる気がなさそうにボ〜ッとしていたり手遊びが多かったりする子どもがいたら、特別な配慮の必要性について検討してみてください。

事前に本人、保護者と話し合い、色チョークで線を引いたり枠で囲ったりしたポイントだけを写せばよい決まりにしておいたり、ICT の活用を許可したりなど、子どもがしてほしい支援と学校が提供できる支援を確認し合い、合意形成を図ることが大切です。

Keyword

□視覚認知（視空間認知）　□眼球運動　□合理的配慮　□合意形成

□ビジョントレーニング

子どもの気持ち

6 本番前にヘトヘト

「またこの季節がやってきた……」

一般的には華やかで楽しいように見える体育祭が、Aさんは毎年憂鬱でなりません。授業がなくて、みんなが準備や練習を楽しんでいるように見えるのに、自分だけが楽しめていないように感じます。この状況がいつまで続くのか、不安で、つらい気持ちになることもあり、本番前にもうすっかりヘトヘトです。

 背景にある特性

「いつもと違う」ということに、とても緊張したり不安を感じたりする子どもがいます。そうした子どもたちは、いつもと違うカリキュラムが「どのように進むのか分からない」ことに不安を感じ、加えて周りの子どもたちのテンションの違いにも戸惑い、自分の気持ちとのギャップに苦しむことがあるようです。

ですから、運動が苦手ではないにもかかわらず、「体育祭が近づくと、クラスがみんな興奮状態で、とても疲れます」「同じノリを強要されている気がして、毎日しんどい」などとこぼす子

どももいます。中には、周囲とのギャップに我慢ができず「不安だ」「やりたくない」などの気持ちを、あまり適切ではない方法で表してしまい、周囲とトラブルになってしまう子どももいます。自分の不安や、楽しめていないことを悟られまいと、周囲に一生懸命合わせようとしていつも以上に気を遣い、本番までにすっかりヘトヘトになってしまうこともあるのです。

 支援・指導のヒント

まずは、「こうした行事には、様々な理由で辛い思いをしている子どもがいるかもしれない」という視点をもつことが大切です。そして、子ども一人ひとりの困り感の原因は違う、対処方法も違うということを意識しておく必要があります。

支援プランを立てる前に、何が不安で、つらいのかをよく聞きとりましょう。その上で、「どのくらいまで耐えられそうか、何段階かに分けて“つらさの物差し”を作ってみること」や、「養護教諭などとも連携して、適宜休憩をはさむなどの対応をとること」も方法です。中には、先生が自分の気持ちを知っていてくれるというだけで、がんばりが利く子どももいます。

また、行事の前に子ども本人と相談する時間をつくり、どのような参加の仕方を選択するか、考えてみることも安心につながります。毎年の行事であれば、昨年の参加の仕方を思い起こす中で、子ども自身の変化や成長を一緒に感じることができたり、子どもが自分を客観的に見ることもできたりするかもしれません。そんな“オマケ”も期待できます。

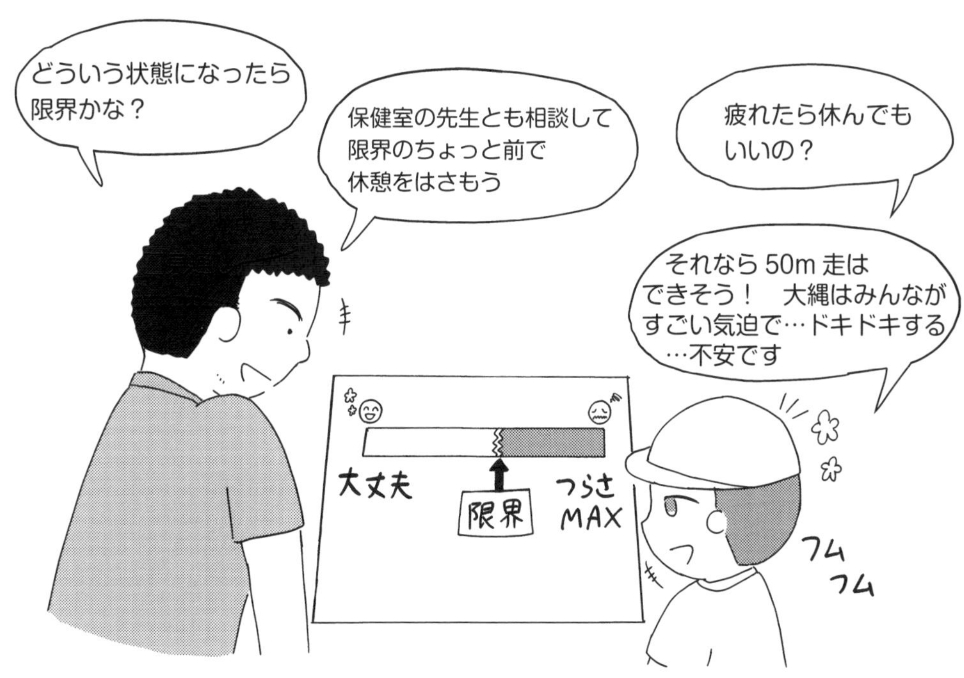

Keyword
□新奇場面　□見通し

言われた通りにやったのに

先日、理科の実験中のことです。木製の試験管ばさみから煙が出ているのに、Ｂさんは加熱をやめません。「だって、“試験管の中の水溶液の色が変化したら火から離す”と言われたから……」

体育の時間は、ハードル走の練習です。まだまだハードルまでの距離があるのに跳ぼうとして、Ｂさんは転倒してしまいました。「先生が“３歩目で跳ぶように”と言ったから……」

そして学活の時間には、なんとＢさん、お弁当を食べ始めました。「何をやってるんだ！」駆け寄ってきた先生の問いに「……？　お弁当を食べてます」

「なんで今弁当を食べてるのかを聞いてるんだ！」。先生はますますヒートアップ。「え…？作業が終わった人は、好きなことをして待ってるようにと言われたからです……」

そしてとうとう今日の体育の授業では、勢い余って骨折してしまいました。

 背景にある特性

このような子どもの多くは、いたって真面目で実直です。ただ、言われた通りにやってそれを

続けたらどうなるかと想像することや、「危なくない範囲で」といったあいまいな表現の意味を、状況に応じて汲み取ることや、融通を利かせることに苦手さをもっている場合があります。

そのため、（本人としては）先生の言うことや学校のルールを遵守しているのに、不本意な指摘をされたり、周りから白い目で見られれたりするといった矛盾の多い日々を過ごし、それがなぜなのかを理解できずに苦しんでいることも往々にしてあるのです。

 支援・指導のヒント

このような子どもたちにとって、「ちょっと考えれば分かるだろうに……」という態度は、一番の脅威です。教師の態度によって、周りの子どもたちの反感をあおってしまうことは避けたいものです。

教師が出す指示について、状況や話の流れに依存したり、一人ひとりの想像力に任せたりして省略している部分がないか見直し、できるだけ具体的に、短いフレーズで、できれば視覚的に示してみると有効であることが多いです。ただし、Bさんに有効だった方法が、同じような困難さをもつ他の子どもにも有効とは限りません。日頃から子ども一人ひとりの行動をよく観察し、その子が状況から汲み取れずに困っていることは何か、その子に伝わりやすい示し方はどんなものかを、探っていきましょう。

具体的に、視覚的に示す　　　実演してみせる

Keyword

□字義通り　□こだわり　□想像力（イマジネーション）

きまりはきまり①
——我慢編

「練習時間には練習をするべきです！」「練習中に不真面目な人が多くて困ります！」「もう、やってられません…!!」

合唱コンクールが近づいたある日の放課後、Cさんが急に爆発し教室を飛び出していったので、周りの子どもたちはびっくり！　Cさんは指揮者やパートリーダーではないですし、それに特段合唱が好きというわけでもないのです。なのにどうして、あれほどムキになったのでしょうか？　教室に残された子どもたちの頭上には、無数の「？」が浮かんでいます。

 背景にある特性

このような子どもは、「練習時間には練習をすべきである」というきまりや原則に従って、秩序正しく取り組みたい志向性が強いのです。また、コンクールの日まで変則的な日程で練習が続き、普段の学校生活と様子が変わるため、見通しのもてない不安が、さらにきまりや原則への執着を強化する場合もあります。加えて、このような不安や苛立ちを抱えたときに、それを言葉にすることも苦手な場合が多くあります。そのため、ただ早くこの行事が終わることを待ち望み、

悶々とした気持ちで練習時間を過ごしているのです。

さらに、このような子どもたちは、急な変更に適応することが苦手な場合もあります。例えば練習をするうちに、立ち位置が変わることがありますが、なかなかその変更に対応できません。また、「大きな口で歌おう」などのあいまいな指示を理解することも難しく、周りの子どもたちとの衝突の火種になることがあります。つい以前の場所に立ってしまったときに「場所が違うって言ってんだろ～」などと指摘される、自分としては大きな口を開けているのに「もっとしっかり歌って！」と注意される。そうした一言が引き金となって我慢の限界に達してしまった様子が、周りからすれば、“突然”爆発したと思える行動となるわけです。

支援・指導のヒント

学校生活の中で「上手に手加減（息抜き）する方法」を、あらためて教える機会はありません。多くの子どもはなんとなくその場の空気を読んで、適当な方法を身につけていきます。けれども“なんとなく”“空気を読んで”“適当に”行うことが苦手な子どもは、明確に教えられた正しい行動のみを遂行しようとし、疲れ果ててしまいます。「時には辛い状況から離れることも必要」と、言葉にしてはっきりと伝えることで、はじめて行動に移せる子どももいるのです。事前にその子どもにとっての感情状態のレベル分けや我慢の限界を視覚的に確認し、どの段階でその場を離れるかを一緒に確認しておくと、安心して「手加減」ができるでしょう。

また、「大きな口」など個々のイメージするものに幅が生じそうなことについては、「指が縦に２本入るくらいの大きさ」など、具体的な表現で指示するとよいでしょう。

Keyword
□メタ認知　□構造化　□感情の視覚化（感情のスケーリング）

きまりはきまり②
——注意しまくり編

「うるさい人を注意しただけなのに、お前の方がうるさいと言われました。これっておかしいですよね?!」。Dさんが、真剣な眼差しで先生に訴えています。

……周りから見たら、注意しまくるDさんの様子はかなり目立っていて、煙たく感じている子どもも少なからずいるようなのですが……。

 背景にある特性

きまりを守ることに志向性が強い点は同じでも、行動への現れ方にはいろいろなタイプがあるようです。ここで紹介したDさんは、自分の志向性や信念をどんな場面でも貫こうと言動に表す子どもです。しかし一方で、その場の状況や周りの人たちとの関係性における“自分の立ち位置”を、客観的に捉えることは苦手だと考えられます。そのため、言っている内容は間違っていないのですが、その言動によって周囲がどのような感情をもつのかを読み取ることが難しいために、集団から浮いた存在になってしまっているようです。

 支援・指導のヒント

こうしたトラブルへの対応を考えるときに、大前提として、真面目にやっている子どもが我慢を強いられたり、損をしたりするような集団であっては困ります。しかし、「全ての人が厳密にルールを守って生活する社会」というのは、残念ながら現実的ではありません。これから社会に出ていく準備段階として、学校生活の中で、部分（個人）で正しいことが、全体（集団）でも正しいとは限らないことを理解し、「全てを自分が注意する必要はない」ことや、ほどほどの妥協点を見つけて「ある程度流す」ことを受け入れていけるようになってほしいものです。

そのためにはまず、本人の考えや言い分を丁寧に聞きとって状況を整理し、どうすればよいかを具体的に説明するとよいでしょう。その際、子ども自身の言動を、本人が客観的に捉えられるように、紙などに書いて視覚化しながら進めると効果的な場合があります。

頭ごなしに「社会はそんなに甘くない」などと言われず、じっくりと自分の主張に向き合ってもらう経験は、これから飛び込む社会への、期待や憧れも育んでくれるかもしれません。

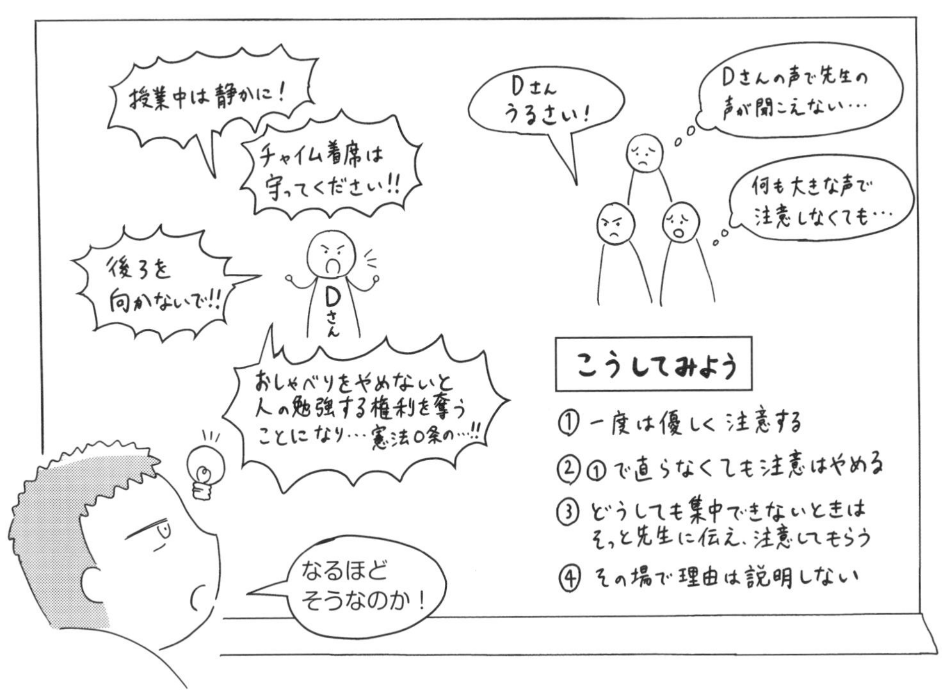

Keyword

□メタ認知　□視覚優位　□視覚的（な）支援（視覚化）

子どもの気持ち

10 聞いて！　聞いて！

はい、今日の授業は
自治体のゴミ収集に
ついてです
！
1

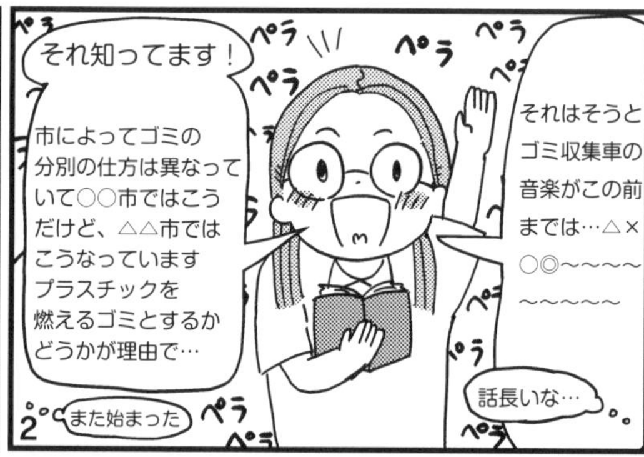

それ知ってます！
市によってゴミの
分別の仕方は異なって
いて〇〇市ではこう
だけど、△△市では
こうなっています
プラスチックを
燃えるゴミとするか
どうかが理由で…
それはそうと
ゴミ収集車の
音楽がこの前
までは…△×
〇◎～～～～
～～～～～
ペラ
ペラ
ペラ
話長いな…
また始まった
2

それで、各自治体は
プラスチックゴミ
あっ！
普通ゴミと
プラスチックゴミは
〇〇で分けて
そうして
先生話して
いるのに…
あーだ
こーだ
今、先生が話している
からしゃべらないで！
3

誰も話を
聞いて
くれない…
私は
1人ぼっち…
いじ
いじ
めそ
めそ…
4

Ｅさんはとってもおしゃべり好き。自分の興味関心のあるところについて知識が深く、発想も面白いので、人に「もっと聞きたい」「なるほど」と思わせる魅力をもっています。

けれど、Ｅさんのおしゃべりのスイッチは、時と場合を選びません。授業中でもそれ以外でも、思いつくままおしゃべりが続くことがしばしばあるのです。そうなると周りの空気は一変します。

「質問されたから、知っていること全部紹介したい！　他にもとっておきの豆知識があって…あれ？　どうして先生、怒ってる…の…？？」

背景にある特性

このような子どもたちの背景には、衝動性の高さや、状況や場の空気を読み取ることの苦手さが考えられます。また、自分のことを認めてほしい気持ちが強いことを想定する必要があるかもしれません。

衝動性が高いと、今は人の話を聞く場面だと理解していても、自分がよく知っている分野の話だったりすると、ついつい口から言葉が飛び出してしまいます。そして状況を捉えにくいがために、なかなか話の「やめ時」がわからず、複数人がいる場面で周りの気持ちを考えながら適切に役割を交代し、やりとりを維持することが難しい場合があるのです。

 支援・指導のヒント

こうした子どもたちは、授業を妨害しようとしているわけではないため、強い叱責は全くの逆効果です。なぜ怒られるのか感覚的に理解しづらく、「知ってることを答えただけなのに」「質問しただけなのに」と、怒られたことだけに反応し、反抗的になってしまうかもしれません。

まずは1対1で本人の話を聞く時間を保障し、教師との信頼関係を築くことが大切です。その上で、授業中に状況にそぐわない発言があったときは、一旦おしゃべりを制止します。事前に、“今はその話はやめよう”という本人だけに分かる合図を決めておいてもいいかもしれません。約束した時間に続きをじっくり聞いたり、時にはその子どもがクラスのみんなの前で自分の得意分野を十分に発揮できる場面を作ったりしてもいいかもしれません。聞いてもらえたという充実感や約束の通りに待てたという成功体験を積めると、授業中のルールを守るモチベーションも上がります。教師との関係が良好になれば、授業の活性化に一役買ってくれる存在になることもあるのです。

「おしゃべりでちょっと面倒な子ども」ではなく、その個性を尊重し、「次には何をしてくれるかな」と期待するくらいのゆとりを持って関われるといいですね。

Keyword

□メタ認知　□成功体験　□多動性・衝動性・不注意

子どもの気持ち

11 せま～いところ、大好き！

授業中にも関わらず、好きなように立ち歩き、離れた席の子に話しかけ、目に入った他人の物にさわってトラブル……。Ａさんは、自分のペースやタイミングが全てで、周りの子どものことは目に入っていないように見えます。やめるように指導しても全く聞き入れません。しかし、よくよく観察すると、どうも気持ちが落ち着かなくなったときに、立ち歩きが誘発されるようです。

そこで、「自分の気持ちがソワソワしてジッとしていられないときは、“クールダウンスペース”に行く」と約束することにしました。空き教室を使ってクールダウンスペースを用意したのですが、Ａさんはそのスペースを嫌がります……。

ある日、教室から突び出したＡさんを先生が探していると、別の空き教室の棚の中に入り込んでいるではありませんか！ 「ふう～…、落ち着くなあ～」教室にいたときとは打って変わって、ゆったりとして穏やかな表情のＡさんに、先生は目を白黒させています。

背景にある特性

このような子どもたちは、身の回りの刺激の感じ取り方や、刺激を受けたときの処理の仕方に特徴をもっていることがあります。こうした特徴は感覚特性と呼ばれ、「過敏」なタイプ、「感じ取りにくい」タイプ、「回避」しがちなタイプ、「追い求めたい」タイプなど、いろいろな現れ方をします。また、一人の子どもが一つのタイプに分類されるわけではなく、複数の特徴を併せもつ場合もあります。

支援・指導のヒント

このことがあって以来、A さん本人と相談しながら、クールダウンスペースの見直しを開始しました。A さんの希望は、「人の視線がさえぎられる」「程よい狭さ」でした。そこで、教室の一角の、他の子ども達の視界をさえぎることのない場所を、パーテーションで区切りました。広さを何パターンか変えて試してみたところ、A さんにとっては 0.5 畳ほどのスペースがちょうどよいようです。

このように、苦手な刺激を軽減したり、落ち着く刺激で満たされたりする空間を用意することで、集中力が散漫にならず、安定して過ごせる時間を作り出すことができるようになりました。感覚特性は一人ひとり異なります。クールダウンスペースを考える際には“経験”や“前例”に依存せず、子どもの様子を観察・評価し、子ども・保護者と学校が合意形成できる範囲で個々に合った環境を準備することが重要です。

Keyword

□クールダウン　□パーソナルスペース　□感覚特性　□感覚プロファイル

安心できるんです……

「えっ！　急に？？」。１時間目の授業が変更になり、急遽教室を移動することになりました。突然のことに、Ｂさんはドキドキ・ソワソワが止まりません。「落ち着け、おちつけ……」。そっとポケットに手を忍ばせ、“安心アイテム”に触れながら、小さな声で何度か繰り返します。

そこに先生が近づいてきました。「ん？　何を持ってるの？　ポケットから手を出しなさい！」

 背景にある特性

いつもと違う環境や状況に、緊張したり不安を感じたりしたとき、またストレスがたまりイライラしたときなどに、物を触ったり眺めたりすると気持ちが落ち着くという子どもたちがいます。このような子どもたちにとっての“安心アイテム”は一人ひとり異なり、ふわふわのタオルや小さなマスコットのこともあれば、物語に出てくる魔法の杖の形をしたペンや、アニメキャラクターのストラップ、指輪やネックレスといったアクセサリーのこともあります。これらのアイテムそのものが本人にとって何らかの意味をもつ場合もあれば、手に触れるときの布の柔らかさや金属部分の冷たさ、鋭角さといった“感覚的な刺激”が安心につながることもあるようです。

支援・指導のヒント

イメージを膨らませ見通しをもって行動をすることや、臨機応変な対応が苦手な子どもたちは、教師が想像する以上に、日々不安や緊張、ストレスを感じながら生活しています。そんな時にそっとポケットに手を忍ばせて、触れるだけで少しでも気持ちを安定させられるのならば、こうした行動はなんとか許容していきたいものです。

ところが、このような“安心アイテム”は、「不要物は持って来ない」という学校のルールの中の“不要物”に該当することがほとんどです。もし子どもや保護者から事前に申し出があった場合は、話し合いの場をもって本人にとってどのような意味のある物なのかを聞き取り、「ポケットからは絶対に出さない」などの、歩み寄りのための条件を一緒に考えましょう。また、特に事前の話がなかった子どもがこうした“不要物”を持っている場合、「もしかしたら、この子なりの何らかの意味があるのかも」という視点をもっておくだけで、かける言葉が変わるのではないでしょうか。

ただし“安心アイテム”が、ナイフのような社会的に持ち歩くことが許されない物である場合には、許可できない理由を説明し、代わりとなる物を一緒に考えたいものです。同じような感触の物を探すのもいいかもしれません。感触でなくても、自分の苦手な場面の対応法を箇条書きにしたカードや、好きなキャラクターが「大丈夫！」「落ち着いて」と励ましてくれているカードを持っているだけで安心という子どももいます。その子どもがハマっているゲームやキャラクターは、安心アイテムを見つけるヒントになるでしょう。

Keyword

□感覚刺激　□自己刺激　□パワーカード法

子どもの気持ち

13 ぐで〜ぇ……

暑い季節になると、Cさんは教室から姿を消します。周りの子どもたちにはもうおなじみで、探す人も騒ぐ人もいません。しかしCさん、どこにいるのでしょうか？

暑い季節のCさんの定位置、それは廊下や北向きの階段の踊り場です。少しでもひんやりしているところを見つけては、ぺったりと体をくっつけて涼んでいます。教室に戻されると、今度は机に張り付いて起き上がりません……。

翌年、その学校の教室が冷暖房完備になったところ、Cさん以外にも、授業中に教室から出て行ったり、授業開始のチャイムで教室に戻れなかったりする子どもがずいぶん減ったそうです。

 背景にある特性

こうした子どもたちの中には、発汗機能がうまく働かず、人に比べて体温調節が困難な場合が考えられます。また、「自分は暑さに弱いので、ちょっと冷やしたいのですが……」と言えればいいのですが、自分が人よりも体温調節が苦手だと客観的に捉えることが難しいこともあります。小学校高学年くらいから中学生であれば、気温や湿度と自分の体調との関係に気づける子ど

もも出てきますが、それをクラスメートの前で先生に伝えることは、思春期の子どもにとってかなり高いハードルでしょう。このような天候による体調不良をイライラとして表現するしかすべがなく、ささいなことで周りと言い合いになるなどのトラブルに発展してしまうこともあります。

 支援・指導のヒント

高温多湿の日本の夏は、教師にとっても過ごしにくいものです。“ぐで〜ぇ……”“だらぁ〜……”としている子どもの姿を目にして思わずイライラし、だらしがないと思ってしまったり、頻繁に水分補給をする子どもに、何をふざけて……と呆れてしまったりすることもあるでしょう。しかし、こうした子どもたちに気づいたら、どんな湿度や温度のときに子どもがその状態になっているかという関係に、ぜひとも注目してみてください。保護者に家庭での様子や、幼少期からのエピソードを聞いてみることも有効かもしれません。

発汗機能がうまく働いていないと思えるようでしたら、まず子どもにその可能性を伝え、自分自身で事前の休息をとったり体温調節をしたりする方法を、一緒に考えるとよいでしょう。熱中症の予防グッズを活用することや、冷たい水を１杯飲むだけでも、ずいぶん体調が変化する子どももいるようです。

そのうえで、どうしても体調が優れない場合は、それを他の子どもに気づかれない方法で教師に伝えられる合図を決め、短時間でも休憩ができるような校内環境を整えることも大切でしょう。

Keyword

□自律神経系（発汗機能、体温調節）　□自己理解

行動には「理由」がある ——応用行動分析(ABA)を用いた支援

 “困った行動”は、内面(心)ではなく、まずは客観的に分析

子どもの“困った行動”、これをどう捉え、どう対処していますか？

例えば、「提出物を出さない子」。「やる気がない」「だらしがない」と個人の意識や性格といった内面（心）で解釈しようとしていませんか。意識を変えさせるために、熱意をもってなぜいけないかを伝える……しかし、これだけではおそらく、子どもの行動変容にはつながりません。

問題行動の原因と対処法を考える理論に、応用行動分析（ABA）があります。

応用行動分析は、人間の行動を科学的に研究した学問であり、これを用いた支援では、人が示す行動を客観的に分析し、行動変容や望ましい行動を促そうとするものです。応用行動分析で扱う「行動」には、注意を向ける、推論する、記憶するなども含めて考えます。学校場面での学習や集団活動での“気になる子”の支援を考えるヒントとして、汎用性の高い理論といえるでしょう。

突然ですが、みなさんは研修会などに参加したとき、会場のどのあたりに座りますか？「必ず、一番前（または、一番後ろ）」と決めているという方もいらっしゃるでしょうが、多くの方は「時と場合による」と答えるのではないでしょうか。「今日の講義はぜひしっかり聞きたいから前の方」「エアコンの風に当たらない位置に」「終了後に予定があって時間で出なければいけないから後ろの方」など、なんとなくの行動であってもその時々によっての理由があります。

このように、行動には必ず理由があり、それらは前後の「環境」の影響を受けます。応用行動分析では、“困った行動”の原因を内面、意識、性格といった個人要因には求めず、目に見える行動に着目します。そして、行動の前後の環境にその原因があるとし、行動の直前にある「きっかけ」とその直後に起こる「結果」に注目します。

 ABC分析で、“困った行動”の背景にある子どもの思いがみえてくる

応用行動分析を用いた支援では、行動をAきっかけ（Antecedent）→B行動（Behavior）→C結果（Consequence）というつながり（三項随伴性）で整理し、その行動の機能（目的）に着目します。これをABC分析といいます。

また、“困った行動”には、主に4つの行動の機能（目的）があります。

【要求】：何かが欲しい、何かをやりたいなど、本人の要求が行動の原因

【逃避】：嫌なことをしなくてもよいなど、不適切な方法でも回避できたという経験が行動の原因

【注目】：自分をみてほしいなど、周りの人に注目されたいという欲求が原因

【感覚】：自己刺激行動など、行動による刺激自体が快を生み出していることが問題行動の循環の原因

応用行動分析的アプローチは、以下の手順で進めます。

①事実の記述：問題行動の前と後の出来事を推測や解釈でなく、事実に基づき客観的に記述
② ABC 分析：A きっかけ→ B 行動→ C 結果というつながりで、行動の機能（目的）を分析
③行動の置き換え：目的に応じた望ましい行動を強化するために（もしくは望ましくない行動を消去するために）できることを考える

では、例を挙げて考えてみましょう。

算数の授業中、みんなが問題に取り組む中、ノートに落書きをして周りの子にそれを見せたりふざけたりしてしまう子がいます。時には、歌を歌ったり、椅子をガタガタとさせたり……、たびたび授業が中断してしまうことも……。ABC 分析で考えてみましょう。

①事実の記述：算数の授業中、問題を解く時間にふざけてしまう
② ABC 分析：

ABC 分析の例（要求）

A 算数の問題が分からない→ B ふざける→ C 先生が来て教えてくれる【要求】
A 算数の問題が分からない→ B ふざける→ C 授業が中断して問題を解かなくてよい【逃避】
A 問題を解き終わってやることがない→ B ふざける→ C 周りから注目をあびる【注目】
A 問題を解き終わってやることがない→ B ふざける→ C 刺激が得られる【感覚】

③行動の置き換え：

行動の置き換えの例

【要求】の場合：問題が分からないときは手を挙げようと伝えるなど
【逃避】の場合：スモールステップで小問ごとに区切って進度と理解をチェックして進めるなど
【注目】の場合：発表の時間を作って、できたことを認める場を作るなど
【感覚】の場合：解き終わった人は○ページの問題もチャレンジしてみるように伝えるなど

学級運営を考えたときに、できることばかりではないかもしれませんが、その子の行動の理由がみえてくると、具体的な支援の糸口がつかみやすくなります。

冒頭の「提出物を出さない子」についても、考えてみましょう。

①事実の記述：「提出物（宿題プリント）が出せていない」

② ABC 分析：

A 先生と話をしたい→ B 提出物を出さない→ C 先生に呼び出されて話ができる【要求】

A プリントに落書き→ B 提出物を出さない→ C プリント落書きについては叱られない【逃避】

A 注目されずイライラしている→ B 提出物を出さない→ C 先生から呼び出されて周りから注目を浴びる【注目】

③行動の置き換え：

【要求】の場合：定期的に話をきく時間（相談の場）を確保するなど

【逃避】の場合：どんな形なら宿題に取り組みやすいか、本人と個別に課題形式や提出方法を話しあうなど

【注目】の場合：本人のやれていることを具体的に挙げて認めるなど

学年が上がると、教師がきっかけを把握しきれないことも増えるでしょう。また、行動の機能も重複していたりと複雑になることがあります。ABC 分析を行っても、糸が絡み合ったかのように、きっかけやその行動の目的が整理できないこともあるでしょう。特に、小学生高学年以降は、本人との関係性を重視しながら本人の話を丁寧にきき、ふり返りをする中で内省を促し、本人の意思決定を支援するといった内面（心）を扱う関わりが重要になっていきます。しかし、簡単には解決に至らなかったとしても、応用行動分析的アプローチは、子ども本人のサインを拾う手がかりを与えてくれます。客観的に行動をみようとする視点が、複雑に絡み合う問題の解決の糸口になったり、その子どもの思いに気づかせてくれることもあります。ぜひ、理論を日々の関わりや支援のヒントに活用してください。

PART 3

子どもの気持ち 後編

修学旅行なんてなければいいのに！

多くの子どもが学校生活の最大行事のひとつとして、とても楽しみにしている修学旅行。ところがＤさんにとっては憂鬱のタネでしかありません。学校以外の場所で集合することも、乗ったことのない新幹線に乗ることも、不安でしかたがありません。「だいたいこんなに大勢の人が、どうやってたった 15 分の間にお風呂に入るというのだろう……」「２日目と３日目の起床時間が違うけど、バスに乗る時間は同じってどういうこと？」「班の人たちで行動するコースを決めるとか言ってるけど、行ったこともない街のことなんて知らないよ……。『迷子になったらその場の状況に応じて』とか、意味が分からない……！」。次から次へと耳に入る情報全てが不安要素となり、当日が近づくにつれ夜も眠れなくなってきてしまいました。

 背景にある特性

Ｄさんのように、いつもと違うことや新しいこと、やることが明確になっていないことに強い不安を感じる子どもがいます。その背景には、物事を想像し、状況に応じて見通しを立てることの苦手さが考えられます。このような子どもにとって、準備段階を含め経験のないことを想像

し、行動計画を立てていく修学旅行などの行事は不安でしかありません。少しでも具体的なイメージがもてるような手だてを考え、当日までにどれくらい見通しをもてるようにすることができるかが、不安軽減に大きく作用してくると言えるでしょう。

 支援・指導のヒント

修学旅行への見通しを立てるために、修学旅行期間の行程表を作りましょう。ほとんどの学校では「修学旅行のしおり」を作成すると思いますが、完成版が子どもの手元に届くのは、出発の数日前になることも多いのではないでしょうか。D さんのような特性をもつ子どもには、準備開始と同時に、修学旅行期間中の行程だけでなく、準備開始から終了後のふり返りや課題提出までを含めた日程を伝えられるといいでしょう。また、その子どもにとって、より行程をイメージしやすくするためには、１日ずつ順に説明するのがいいのか、それともまずは全行程を大雑把に説明してから詳細を説明するのがいいのかを検討することが大切です。部分から全体を説明された方が理解しやすいタイプ、全体から部分を説明された方が理解しやすいタイプなど、見通しの立てやすさは子どもによって異なります。

他の子どもよりも早めに修学旅行の見通しがもてるような手だてをしても、新奇場面への苦手さがなくなるわけではありません。計画通りにいかないこともある、ということを伝えておくこともポイントです。Dさんとは完成したしおりを元に一緒に“机上旅行”をし、Dさんの動きにそった注意事項などを記入していく作業に取り組みました。修学旅行後にDさんは、「ドキドキだったけど、このしおりをお守りになんとか乗り越えられました」と、ボロボロになったしおりを見せてくれました。

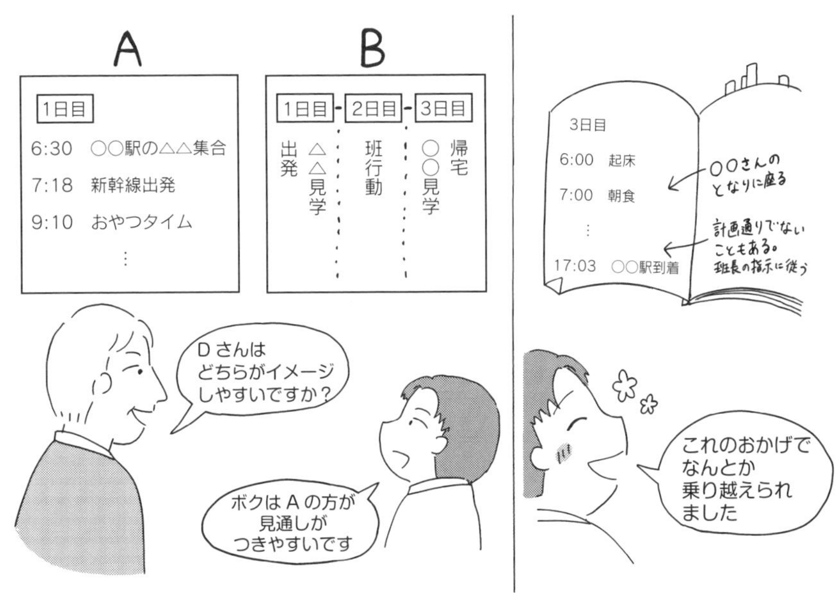

Keyword

□新奇場面　□継次処理　□同時処理

子どもの気持ち

15 教室が、怖い……

心身の成長が著しく、エネルギーの塊のような思春期。多くの子どもたちは、休み時間はもちろんのこと、授業中でも、大声大会かと思うほどのボリュームで、激しく主張しあいます。ですから、それを制する先生の声も、自然と大きくなりがちです。

そうした喧騒の中、Ｅさんは、気配を消してジッと耐えていました。「教室がザワザワしていると、心臓がドキドキしちゃう……」「このままでは先生が怒るに違いない……。みんなに静かにしてもらいたいけど、どうしていいか分からない……」。不安と緊張で、Ｅさんは今にもはち切れそうです。

 背景にある特性

「先生がいつも怒鳴っているから、教室に入るのが怖いんです」と子どもが訴えてくるとき、多くの場合、その子どもが怒られていることはありません。このように教師の大きな声は、時に届けたい子どもには届いておらず、過敏な子どもばかりに過剰な刺激として届いてしまっていることがあるようです。

こうした子どもたちは、日常的に緊張が強い傾向にあります。緊張が生じる背景として、その場のコミュニケーションの構図、すなわち“人間関係の相関図”を直観的に把握することが苦手な場合が考えられます。誰が誰に向けて働きかけているのかがわからずに混乱しやすいのです。また、大きな声や集団のざわめき、人の動きといった刺激に過敏である可能性もありそうです。こうした場合は、教師が気にかけて、声をかけるだけでは、解決しにくいかもしれません。

 支援・指導のヒント

エネルギーの塊である思春期の子ども相手の指導では、時には大きな声で叱ったりすることも必要なのかもしれません。しかし、大声で制圧するだけでなく、後で個別に呼んで話をしたり、近くに行って落ち着かせたり、教師として叱り方のレパートリーをたくさんもっておくことは大切です。また、大きな声で叱るときでも、目の前の子ども以外の様子も見渡して、反応はどうか、過度にドキドキしている子どもはいないかなどを、確認できるくらいの心のゆとりがあるとよいと思います。

不安で辛い状態のまま長い時間が経過してしまうと、子どもの緊張感が限界に達し、不登校に至ってしまうこともあります。そうなる前に子どもの様子に気づき、不安や緊張への対処法を、子どもと一緒に話し合ってみましょう。例えば、1日のどこかに「特別支援教室で学習する」時間を設け静かな環境で心を休める、刺激が耐え難いときや緊張が高まったときは保健室に緊急避難してよいなど、教師が柔軟な発想で提案することも大切です。

Keyword
□予期不安　□自他の境界　□聴覚過敏

キレたくないのに……

「ねえ、シャツが出ちゃってるよ」と声をかけられた途端、A さんが大爆発！
「え……？　キレるほどのこと……？」と、周りの子どもたちは“ドン引き”しています。

 背景にある特性

A さんのような子どもは、自分の感情を客観的に捉えること、そして自分の感情を適切な方法で表出することの苦手さを抱えている場合があります。

感情の爆発に至るまでに、子どもの心の中では、“イライラメーター”の目盛りがぐんぐん上昇していました。ところが、周りにも、そして本人にもそれが分からず、最終的に「キレる」という行動に出てしまったのです。

一つひとつの出来事は、本人にとっても大したことではないかもしれません。しかし、小さなイライラがいくつも積み重なることで、いつの間にか大きな怒りが湧きおこります。「今、自分はイラっとした」「怒りたくなってきた」というような、メーター上昇の経過をたどれずに溜め込んでしまうと、「あ～……キレたくないのにまたキレちゃった……」と後悔ばかりが残るのです。

支援・指導のヒント

まず、子どもが自分の感情を客観的に捉えやすいように、状況（感情の経過）の整理を一緒に行います。ここでのポイントは感情の視覚化です。紙やホワイトボードを用意し、グラフや表情マーク（ニコニコや怒り顔など）を使って“イライラメーター”を書きます。「なぜ自分は、あんなに怒ったのか」を子ども自身が理解できるよう、イライラの原因と程度を聞き取り、メーター上に書き入れて見せ、イライラ度を視覚化します。このやりとりを通じて、子どもは「自分の怒りの湧き方や程度」に気づくことができます。

次に、「キレる」前に、どの段階で何をすればそれを回避できたのかを一緒に考えます。「この時こう言えたら、イライラを溜めずに済んだかも……」「この時にイライラが急上昇して、このままだとやばいって思ったんだ」というポイントをふり返ることができるようになると、今後似たようなことが起きたときの対応策が相談できます。「○○先生に助けを求めに行く」「一旦図書室に避難する」など、本人が実行可能な方策を決めておくとよいでしょう。

そして、「爆発」の引き金になってしまった子どもや、落ち度はないのに巻き込まれてしまった子どもへの対応も大切です。このフォローの有無は、学級を育てていく上でも重要なポイントとなると考えます。子どもたちが互いに相手を敵とみなしたり、被害者意識に固執したりすることを避けられるような声かけをさりげなく積み重ね、子どもたちにふり返りを促し、一人ひとりの成長につながるような支援・指導をしていきたいものですね。

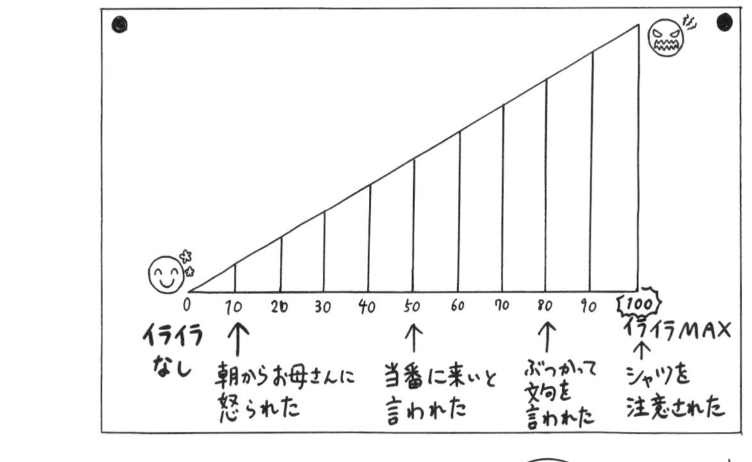

Keyword
□メタ認知　□感情の視覚化（感情のスケーリング）

子どもの気持ち

17 自分の心、自分でうまくつかめない

Bさんが、うなりながらジャンプを始めました。つらそうな表情をしているのに、ジャンプはますます激しくなっていきます。「おいおい、どうしたんだよ～？」「足が痛いなら、ジャンプをやめればいいじゃん！」。一体どうしたというのでしょう。

「（ジャンプをやめられない理由も、そもそもなんでジャンプせずにはいられないのかも、実は自分でもよく分からないんだよ……！　なぜだか分からないけど、飛び跳ねずにはいられないんだ……！）」

 背景にある特性

こうした子どもたちには、自分の心の状態をモニタリングすることの苦手さがあると考えられます。心の中のザワザワやモヤモヤを、自分自身でうまく把握できないのです。

「明日から中間テストだ。全部で５教科、ちゃんとできるかなぁ……」

「もうすぐ体育祭……。運動が苦手な自分は、クラスに迷惑をかけるに決まってる……」

「明日の理科のワーク提出、間に合わないかもしれない！」

ザワザワやモヤモヤの原因は、直近の心配ごとだったり、これから先の不安だったり、本当に様々です。「自分はこれで不安になっている」と自分の感情を明確につかめる子どもなら、「もうやだ～」「○○が心配だ……」と愚痴を吐くことができるでしょう。

また、モニタリングが苦手な子どもたちは、「イヤだ」という感情はキャッチできたとしても、その感情を処理することについてはさらに苦手な場合が往々にしてあります。そのため、どう処理してよいか分からない感情を、「ひたすらジャンプ」のような場にそぐわない自己刺激で紛らわせるしかないのです。

 支援・指導のヒント

人間だれしも負の感情をもつことはあり、その感情にうまく対処しなくては、苦しくなる一方です。「自分の感情を認識する」「その感情をどのように表出し、どう処理すればよいのかを知る」ということができるようになるための支援が必要です。

そのためには、行動そのものをいさめるのではなく、本人のザワザワ、モヤモヤした落ち着かない気持ちにフォーカスをあてた声かけが有効です。本人の気持ちに寄り添い、自分ではつかみにくい“何か”を一緒に探り当てるような問いかけをしてみましょう。その過程で、ザワザワやモヤモヤの正体が見えてきたり、どう対処したらよいのかの方策に話が進んだりし始めます。「一緒に相談する」ことが保障されると、それだけでも落ち着きに変化がみられ、子どもが自分で気づきを深めていくこともあります。

Keyword

□自己刺激　□メタ認知　□感情の視覚化（感情のスケーリング）

子どもの気持ち

18 一番じゃなきゃいやなんだぁぁぁ！

体育の授業は、着替えた人から廊下に並び、みんなでグラウンドに移動するのがクラスの約束です。この日もＣさんは大急ぎで着替え、脱いだものを体操着袋に突っ込むと、廊下に向かって猛ダッシュしてきました。同じように走ってきたクラスメイトを押しのけるように、先生の前に一番に並ぶと「やったーっ !!　いっちば～ん !!」と上機嫌です。

今日の体育はドッジボールです。Ｃさんのチームは残り一人。最後の一人が当たった瞬間、Ｃさんは「何やってんだよーっ！　負けちゃったじゃないかーっ !!」と叫んで大騒ぎ。次の数学の時間が始まっても、Ｃさんはふてくされたままです。放課後、先生が「どうして一番じゃなきゃイヤなの？」と聞くと、「どうしてって、一番しか、勝ちしか意味がないでしょっ！」とのこと。譲り合いの大切さや、クラスのみんなで取り組む楽しさにも気づいてほしいのですが……。

 背景にある特性

順位や勝敗、特に１位や勝ちに強い執着を示す様子を、「一番病」と呼ぶことがあります。一番病を示す子どもたちは、目に見えない価値や言葉にされない意味を想像して汲み取ることの苦

手さをもっていると考えられます。仲間と協力しながら取り組んだことが素晴らしい、失敗や負けも含めて一緒に楽しめる関係性が貴重であるといったことよりも、順位や勝敗といった一目瞭然で分かりやすい結果に注意が向いてしまうのです。

 支援・指導のヒント

こうした子どもたちへの支援では、目に見えない価値や言葉にされない意味への気づきを促すことが大きなテーマになります。「そうなんだ。でもね、譲れる男はかっこいいんだよ。『お先にどーぞ』って譲ってみたら？」「それからね、『負けるが勝ち』って言葉もあるんだよ。Cさんが譲ってあげたら、次はその子が譲ってくれるかもしれないよ」と、具体的な場面や具体的な態度がイメージできるように促してみましょう。子どもによっては、「ここまで考えてできる○年生っていないんだよなあ～。でも、Cさんならできるんじゃないかな？　明日の体育の時間に試してみようか！」と本人の自己有能感をくすぐる言い方も効果があるでしょう。子どもが実践できたときには、先生や友達がその場でほめることも、とても重要です。

また、理論・理屈を示すことも効果的な場合があります。「勝ち負けの確率は50％ずつ。勝ち続けることは不可能で、2回に1回は負ける。そのたびにイライラしていたら損をするよ」と、数字や損得を示すことでストンと理解できることも多く経験します。「まぁ、いっか」「お先にどーぞ」といったキーフレーズや「負けるが勝ち」などのことわざ、「ゲームの目的は、勝ち負けだけではなく、その時間を友達と楽しむことにある」といった格言風の言い回しなど、子どもの興味をくすぐる工夫も、価値観の転換を図ることにつながるでしょう。

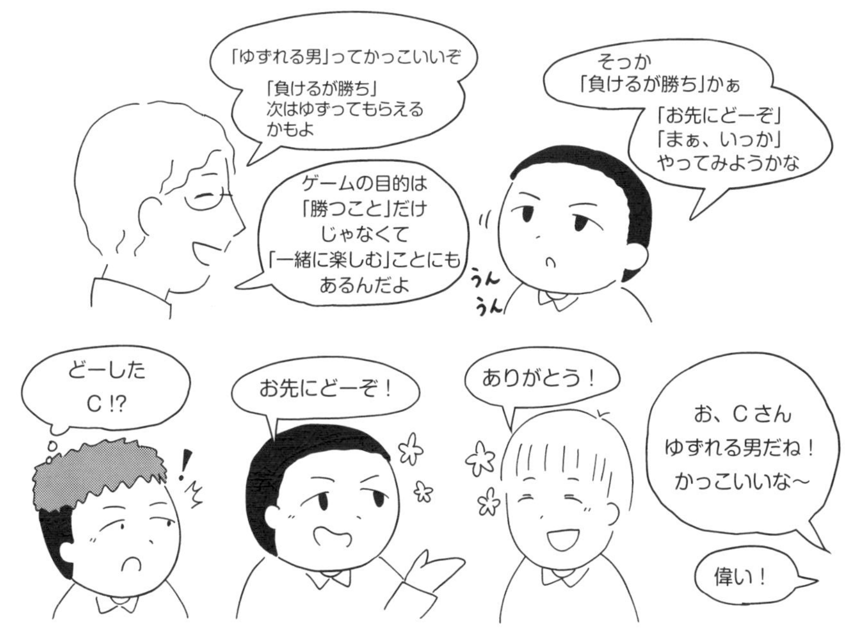

Keyword
□メタ認知　□感情の社会化　□成功体験

子どもの気持ち

19 仕方ないだろ！

授業中、Ｄさんは常に体がモゾモゾ、机をガタガタ、と落ち着かない様子です。隣の席の子どもがそっと注意をしても、一向に収まりません。見かねた他の子どもたちが次々と指摘をすると、最後はいつも「仕方ないだろ！」と大爆発してしまいます。

 背景にある特性

体を揺らすことや、体の一部を小刻みに動かすことは、周囲からは落ち着きがないように見え、動きや音が気に障る人もいるかもしれません。しかし、ある子どもにとっては、こうした動きが「落ち着く必要がある場面で落ち着くため」の方法になっていることがあります。Ｄさんのような子どもは、「少し動いている」ことによって感覚刺激を自分自身に与えると、落ち着いたり集中したりしやすくなる場合があるのです。

 支援・指導のヒント

動くことが落ち着くための方法であるならば、本人にとっては仕方のないことでしょう。けれ

ども「こういう人間なんだから、仕方ないだろ！」という“開き直り”にも見える発言は、周りの子どもたちとの溝を深め、孤立を招きかねません。

焦らず、まずは本人の気持ちに着目して支援します。「仕方ない」と訴えているということは、つまり、自分では「方法をもっていない」のです。ですから、「どういう行動をとればいいか」を一緒に探ります。彼らは「本当はこうしたら（社会的に）良い」ということを理解している場合が、案外多くあります。そんな時は、初めに「頭で分かっている」ことを認めましょう。次に、それがうまく遂行できないときの“代案”を一緒に考えます。子どものアイデアを活かして、「足を踏み鳴らすのは音がうるさいからNG」「椅子をゆらゆらさせるだけならOK」などと整理してみましょう。アイデアが出せるということは、その子自身がより良い行動を目指している証です。

それから、本人と一緒に考えた“代案”を学級に伝えます。ここでのポイントは、「本人は自分の行動を省みている。努力しようという意思がある。みんなの理解と応援が欲しい」ということが伝わるように話すことです。本人が自分の言葉で伝えるのもよいですし、それが苦手な場合は教師が代弁してもよいでしょう。

このように本人が自分の行動や特性に向き合ったとしても、内面の変化は他の子どもには見えづらいため、行動だけを見て「またやってる」「やめようって気がないんだ」と責める声が上がるかもしれません。ここで教師には、本人の中にある「本当はみんなとうまくやりたい」という思いにスポットを当てて学級全体を巻き込み、味方を増やす働きかけが求められます。本人の変化や、周りの子どもの寛容さや協力を、具体的に言葉にして認め続けましょう。こうした丁寧な関わりは、自他を認め合い、誰もが「どんな自分でも大丈夫」と安心できる集団づくりにつながります。

Keyword

□多動性　□自己刺激　□代替行動　□環境調整

授業に参加してただけ！

歴史好きで雑学王のＥさんは、特に社会科の授業になると発言が止まりません。周りの子どもから、「うるさい！　授業の邪魔！」と文句が飛んでくることもあるほどです。今日も発言が止まらず、隣の席の子と言い合いになって、結局手が出てしまいました。

放課後、Ｅさんは先生に呼ばれ、別室で話をすることに。「僕はまじめに授業に参加してただけ！　そしたら、いきなり『うるせー！』って言われたから、思わず……。自分は絶対悪くない！　悪いのはあいつだっ……！」

 背景にある特性

低学年の頃に落ち着きのなさが目立った子どもも、学年が上がるにつれて動きの多さは収まってくることがしばしば見られます。しかし、口数の多さや唐突さは、あまり変化しないことも少なくありません。こうした子どもたちには、現れ方の変化こそあれ、多動性や衝動性があると言えます。また、自分の振る舞いやそれに対して周りがどう感じるかを、客観的に捉えることの苦手さもあると考えられます。

支援・指導のヒント

Ｅさんが、自分の発言が先生の話を妨げていたことや、周りの子どもがどう思っていたかなどを捉えられるようにするには、どうしたらよいでしょう。「何を言ってるんだ、Ｅさんがしゃべりすぎなんだぞ！」「殴ったほうが悪いに決まってる」などと否定から入っては、聞く耳はもてません。「なるほど、そう思っていたんだね。授業に参加していたのか」のように、まずは本人の気持ちを受け入れることが大切です。そのうえで、場面の状況や他者の心情を視覚化しながら整理し、分かりやすく説明しましょう。下の図は、目には見えない人の気持ちを雲型の吹き出しで表し、吹き出しの重なりで会話を妨げていることを示しています。

さらに「話したいことがあれば、先生が『質問はありますか？　何か言いたいことはありますか？』と聞いたときに手を挙げるんだよ」と適切な振る舞いを具体的に教えることも重要です。

また、思いついたことをすぐに口にする背景には、「衝動性」だけでなく「記憶の弱さ」が影響している場合も考えられます。「思いついたことはメモしておけば忘れない」ということを教え、“メモ用に大判の付箋を使ってよい”とすると、特別感や楽しみも感じられるかもしれません。そして対策を教えて終わりではなく、「メモしておいた豆知識を披露する機会」を作ったり、静かに授業を受けられているときに、「静かに聞けてるね」などと声掛けをしたりして、本人が適切に振る舞えていること（成功体験）を実感できるような働きかけも、忘れないようにしましょう。

Keyword

□短期記憶　□即時評価　□コミック会話

子どもの気持ち
21 NO! とは言えない……

このごろＡさんは、原因不明の腹痛や頭痛で遅刻したり、保健室で休んだりすることが続いています。先生が心配して話をしようともちかけますが、Ａさんからは「つらいこと？　特にありません」という答えが返ってきます。Ａさんは、心配をかけまいとして言っているわけではなく、本当に「つらいことは何もない」と思っているようです。

しかし、Ａさんを見ていると、周りの子どもからからかわれていたり、「それは都合よく利用されているのでは？」と思うようなやりとりをしていたり、気が気ではありません……。

 背景にある特性

Ａさんのような子どもに話を聞くと、本人の中には「自分も楽しんでいる」という感覚があるようなのですが、対等ではない関係性が続くと、やはり気持ちは少しずつすり減っていきます。

こうした子どもたちは、自分自身の心の状態をモニタリングしにくく、心理的な負荷に対して“これはイヤな感じだ、NO!”と表出もできず、身体症状として現れていると考えられます。

支援・指導のヒント

子どもと一緒に、まずは身体症状に目を向けてみましょう。お腹が痛かったり、胸がムカムカしたりすることは「イヤ」な事実・現象として共有できるからです。どのような状況でその現象が起こりやすいのかを振り返ってみると、同じ状況をきっかけにそれが起こることが、少しずつ見えてきます。そこまで共有できたら、「身体症状は、心がイヤだと感じているサインなのでは？」とやりとりを深めていきます。子ども自身の、気持ちと身体のサインが一致してきたら、自ずと回避の仕方も見えてくるでしょう。

このように、教師の側には、たとえ本人が大丈夫と言っていてもそれを鵜呑みにせず、子どもの様子をよく観察し、もう一歩掘り下げてやりとりする構えが必要です。ただし、子どもたちの中には、気持ちに蓋をすることでなんとか生活を保てている場合もあります。一人ひとりの状況やペースに沿って、丁寧にやりとりを深めることが大切です。

Keyword
□自己理解　□身体症状

ホントは何が正しいの？

成績は悪くないし、友達ともうまくやっている。部活動では部長をしていて部員や顧問の先生からも信頼されているまじめなBさんが、突然不登校になってしまいました。本人に理由を聞いてもはっきりしません。いじめられたわけでも、友達と喧嘩したわけでもないようで、保護者も先生も、仲の良い友達も原因が分かりません。

そこで、スクールカウンセラーが面談をすることになりました。登校を渋りだした頃の状況を、日誌を見ながら順にふり返っていると、Bさんがポツポツと語りだしました。

「ん一……Cさんが、部活のときに、顧問の先生の前では『そうですね』『ハイ！』って返事をしていたのに……、先生がいなくなったら『そんなわけないのにね！』って、正反対のことを言ったんです。どうしてなんだろう？　Cさんは何を考えているんだろう??　すごく、混乱して……」

「あ、それから、CさんがDさんと話しちゃダメって言っていたときがあって、そのあと今度はみんながCさんと話さないようになって……。私がCさんと話していたら、他の子たちからCさんとしゃべるなと言われて……話したらダメなのはCさん？　Dさん？」「ホントは何が正しいの……？」

背景にある特性

小学校高学年から中学生にかけて、このように悩み、混乱する子どもに出会うことがあります。こうした子どもたちは、思春期に伴う流動的で微妙な人間関係を把握したり、言葉の裏側の意味や暗黙のルールを理解したりすることができずに苦しんでいます。相手の気持ちやその場の状況が理解しにくいため、多くの人にとっては些細なことであっても、日常的に不安や疑問、違和感を抱えながら生活しているのです。本質的な理解ができないまま周りに合わせ続けた結果、混乱や失敗を避けようと、集団参加を回避しがちになる場合も少なくありません。

支援・指導のヒント

このような子どもたちに「困ったら、いつでも相談においで」と声をかけても、支援にはつながりません。自分が何に困っているのかをうまく自覚できず、また、いつ相談に行ったらいいかも捉えにくいからです。

代わりに、定期的に困りごとについて話をする時間を設けるといいでしょう。日常生活でよく分からなかった場面の状況や他者の気持ちを聞き取り、整理して解説します。「これくらい分かっているだろう」と思うことでも、あえて言葉や文章にして確認することがポイントです。また、その時にどう振る舞えばよいかを、一緒に考えてみることも大切です。

「自分の気持ちに共感してもらう体験」「人に相談して状況が改善した経験」の中から、「自ら人に相談して、物事を解決する」スキルを身につけることが、将来の自立に向けての大切な力となるのです。

Keyword
□思春期心性　□関係性の理解　□状況の理解

「分からない」を分かられたくない

授業中、Cさんはだるそうな様子で、出された課題に取り掛かりません。もしかしてやり方が分からないのでは…と気づいた先生は、Cさんに近寄って、小さな声でヒントを出しました。

しかしながら、Cさんは顔をそむけ、鉛筆を投げ置き、完全拒否の態勢になってしまいました。

「(別に、やりたくないからやらないだけだし！　先生……、早くあっちに行って……！)」

 背景にある特性

思春期真っただ中の子どもは、「やり方を教える」というスタンダードな指導が入りにくい側面をもっています。なぜでしょうか？　そこには、思春期ならではの心情があると考えられます。

「分からない」問題を「分かるようになりたい」という気持ちと、自分がその問題を「分からない」ことを周囲に「分かられたくない」気持ちが共存します。そして教室にいるときは、「友達に『こんな簡単な問題も解けないの？』と思われるんじゃないか」「馬鹿にされるかもしれない」というような「集団の中の自分」に意識が向き、「学習課題に取り組んで、できるようになること」よりも、「集団の中の自分のプライドを守ること」が優先されるのです。「できないから

やらないんじゃない。やりたくないからやらないんだ！」という姿勢を固持することで、周囲に「分からない」ことを「分かられない」ように過ごしているのです。

支援・指導のヒント

支援には、“特性”だけでなく“発達段階”という視点も大切です。このような思春期の子どもに対する支援となるのは、学級全体を支援する“ユニバーサルデザイン”の授業です。

理解が難しい子どもに対して個別に手厚く指導すると、集団の中で目立つため、拒否の姿勢へとつながりがちです。そこで一つ目の手立てとして、教師が、できる・できないの区別なく子どもたちに声を掛けて回ることを意識してみましょう。それだけで、「分からない」子どもが指導を受け入れる姿勢が生まれやすくなります。だからといってすぐに、「分からない」子どもが「分かる」子どもに変わるわけではありません。それでも、“拒否”の壁の中に閉じこもらせてしまうより、「まぁ、一応やってみるか」という態度へとつなげられる方が、その先の支援に結び付く可能性があるのです。

また、ある子どもが課題のやり方を理解していないということは、おそらく理解できていない子どもが学級内に他にもいると考えられます。二つ目の手立てとして、可能な限り個別指導ではなく、学級全体に向けて再度説明をしてみましょう。疑問形の投げかけや比喩・皮肉は用いず、具体的な表現で、簡潔な説明を心がけます。そうすると、「分からない」子どもたちが目立つことなく、理解へと一歩近づくことができるでしょう。

具体的な学習支援は、子どもが「分からない」自分を出せるようになってからがスタートです。

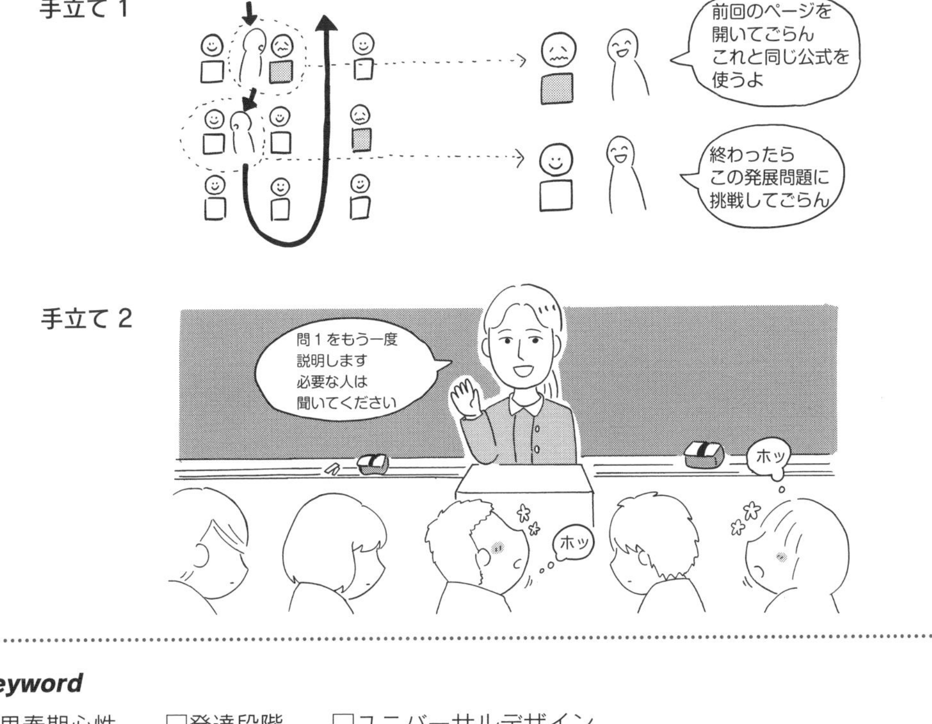

Keyword

□思春期心性　□発達段階　□ユニバーサルデザイン

「わざと」じゃない！——注意欠如多動症（ADHD）と脳機能の関係

近年メディアにおいて脳科学の知見が紹介されることが増え、教育や発達支援の領域でも度々目にするようになりました。さて、脳機能の障害と定義される発達障害の子どもと関わる上で、細かな脳機能や脳部位、またそれらの対応関係について理解することは役に立つのでしょうか？または理解していないと十分な支援ができないのでしょうか？　先に結論を述べると、理解すると色々な場面で役に立つと思います。ですが、脳科学的知見を追い求め過ぎて、目の前の子どもの個性や発達状況を軽視するようでは本末転倒です。そのことも含め、脳に関連する情報を調べるときに知っておくとよいことをお伝えします。

発達が気になる子どもと関わる上で重要なのは、いわゆる“問題行動”は脳機能の不全が原因で生じているのであって、「わざと」しているのではないと理解することです。脳機能に不全があると、刺激に対して脳が過剰に反応したり、反応が乏しくなったりします。それによって好みや意欲、知識などに関わらず、不適切な行動を起こしたり、必要な行動を取らなかったりすることがあります。つまり、子どもからすると、「頭では分かっているけどついやってしまう」「やる気はあるけど言われたように動けない」といった状況です。

不適切な行動の背景には脳機能や脳部位が関係している!?

不注意や衝動性といったエピソードに対して、周囲の人が「そういったことは自分にもあるし、一般的なことだろう」と思うことがよくあります。脳機能は疲労やストレスなどによって低下するため、誰しも「頭では分かっているけどついやってしまった」「やる気はあるけど動けない」といった状態に“一時的に”なり得ます。ただし、休息を取るなどの健康面への配慮によって大部分が改善します。一方、生まれつきの脳の機能障害である発達障害の場合、健康面に配慮していても難しいことは難しい（配慮しないとさらに悪化する）ということに留意が必要です。

とくに注意欠如多動症（ADHD）と呼ばれる子どもたちの場合、その症状は小学校段階では授業中も集中できなかったり、離席したり、暴言や暴力をふるうなどの逸脱行動として現れ、対人関係の構築にも困難さを示します。ADHD の 3 症状である多動性、衝動性、不注意の背景には、覚醒、注意機能、遂行機能、ワーキングメモリーといったいくつかの脳機能の不全が指摘されています。また「前頭前野」「基底核」「小脳」といった脳部位が関与しているといわれています。これらの報告は大切なものですが、実際には脳画像上で同じ脳部位に所見がみられても、ある人は症状が出て、ある人は出ないこともあることを併せて知っておきましょう。

脳は、コンピューターになぞらえて説明されることが多いのですが、胃腸や腎臓などと同じ「臓器」です。常に一定の状態にあるのではなく、睡眠、栄養、服薬など様々な要因で状態が変化します。また、無理をするとよくない結果になるという点も同じです。知能検査の結果を固定的なものとして考えず、ある程度の幅をもってみるように、脳機能に関する情報も、目の前の子どもの状態に合わせて活用することが重要です。

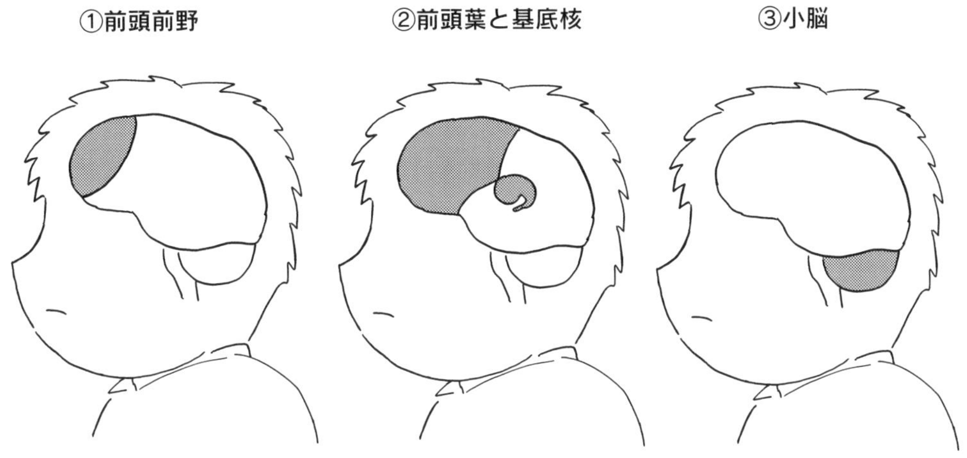

低覚醒か過覚醒かを見極める

ADHD の脳機能についての詳細は成書をお薦めしますが、ここでは関わり方を大きく左右する覚醒水準について触れます。多動性、衝動性、不注意は「覚醒が低い状態（低覚醒：頭がボーっとしている）」でも「覚醒が高い状態（過覚醒：緊張・不安が強い）」でも起こりやすいものです。そのため同じような行動がみられても、子どもによってどちらの状態由来なのかは異なり、対応も変わってくるので注意が必要です。

低覚醒の場合は、覚醒を高めるために刺激を追い求めたり、抑制というブレーキ機能が働きにくいために注意が散漫になったり、動きが多かったりします。一方、覚醒が高まって適度な状態になると、いつも以上の力を発揮することがあります（興味関心のある活動やここ一番という場面)。過覚醒の場合は、必要以上に覚醒が高まることで余裕の無い状態（いわゆる"キャパオーバー"）となり、行動する前に一呼吸おいて考えることや、全体を捉えることが難しくなります。そのため、衝動的に行動することや、一部だけに注意が向いて重要な情報を見落とすといったことが生じやすくなります。

このように背景の違いが分かると関わり方もみえてきませんか？　低覚醒の場合、その子どもがどのような活動や教材を使うと関心を示し、集中が続きやすくなるのかといった、覚醒を高めるポイントを見つけることが大事になります。けれども常にそのような活動や教材を取り入れるのは現実的には難しいですよね。そこで、ボーっとしている時間があるのを許容した上で、大事なときに力を発揮できるように、メリハリを意識してみるのがよいでしょう。一方、過覚醒の場合は、それ以上何かを頑張る方向に働きかけたり、刺激を与えたりすることで、より不安を強めてしまうことがあります。そのため、リラックスできる方法を実行する、刺激の少ない場所で休憩を取るといったことができるとよいでしょう。過覚醒の子どもの中には、常に不安が高いというケースも少なくありません。そのような場合、問題が起こってから対処しようとするのではなく、覚醒が高まり過ぎないようにあらかじめ刺激を減らしておくなどの環境調整を行い、予防的に対応していくことが重要です。

覚醒水準と大きく関連するものとして睡眠が挙げられます。睡眠に問題があると、覚醒の上がり下がりが激しくなるため、支援にあたっては生活リズムの把握もとても大切になります。また、集団活動で疲れやすい子どもも睡眠不足と同様に覚醒水準が変動しやすく、体調・健康面に配慮して関わっていくことが、問題の軽減につながっていくと考えられます。

 アセスメントと対応の仕方を整理する視点としての脳機能

冒頭で触れた「脳機能について理解することで役に立つこと」としては“根拠をもって”相手の状態を捉えられ、対応を導き出しやすくなることが挙げられます。知っておくとよい点としては、脳機能には「階層性」があるということです。具体的には、知能検査や認知機能検査でアセスメントできる「注意力」「情報処理速度」「ワーキングメモリー」や「計画性」といった能力の土台には「抑制」や「意欲」が、更にその土台として「覚醒」や「心的エネルギー」といった機能があるということです。検査でつまずきがみられた点について、そもそも意欲はあったのか、さらには疲労や覚醒水準の問題は無かったかと土台にも目を向けることで、問題を包括的に捉えやすくなります。例えば、認知機能検査で注意力に問題が検出されたとき、まず土台に問題があるかないかに着目します。問題があれば、対応としては休息をどのように取っていくか、関係性（安心できる／一緒なら何かやろうと思える関係）をどう作っていくかといったことに重点が置かれますし、問題がなければ注意を向けやすい情報提示の仕方や情報量について検討していくことになります。

最後に、脳機能の障害が原因で生じる行動は「わざと」ではありませんが、「仕方がない（どうすることもできない）」のではありません。多動性や衝動性の背景にストレスや不安がある場合には、それらを除く／軽減するような関わりによって改善が見られることがあります（少なくとも本人の辛さは軽減します）。「生まれつきの脳機能のせいだから」と結論づけてしまって、何もしないのは大きな問題です。目の前で起きていることの背景を理解し、対応を考える一つの視点として脳機能について学ぶことは、きっと役に立ちますよ。

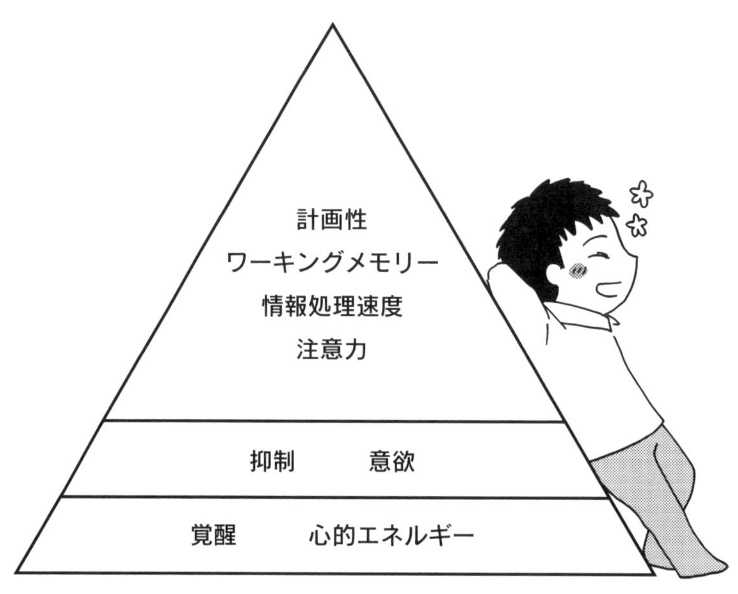

PART 4

先生もいろいろ

「先生からみた子ども」のことをまとめていると、
「子どもからみた先生」にも興味がわいてきました。
そこで、「元子ども」たちに
「これまで出会った忘れられない先生は？」とたずねてみると、
個性的な先生が何人も！
さらにこれらの先生について、
「現子ども」や「現先生」たちに感想を聞いてみると……。
子どもも多様なら、先生だって多様です。
お互いの多様性を理解し、尊重しあっていきたいですね。

先生もいろいろ

1 寒いときでも半袖の先生

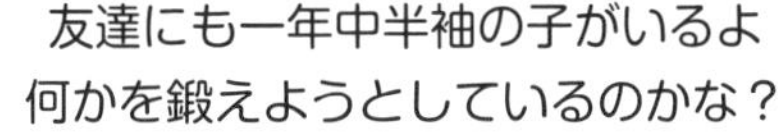

先生もいろいろ
2

趣味の話に夢中な先生

1
みなさん！
このクラスに新しく
転校生が来ました
よろしく
お願いします
では、一人ずつ
自己紹介を
していきましょう
2
…以上です
よろしく～
パチ
はい全員
終わり
ましたね！
最後に先生の
自己紹介をします
パチ
パチ
パチ
パチ
パチ
パチ
パチ
3
ペラ
ペラ
ペラ
ペラ
ペラ
ペラ
私は国語を担当
している○○です。
趣味は大相撲を見に
行くことで…
あ、相撲といえば
しこをふめるように
なると先月みなさん
と約束していたの
ですが案外難しく
てですね…
しこはバランス感覚
も大事だと思うのです
が、力士を観察して
いると関節が柔らかい
ことも重要だと
気づきましたよ
というのはですね、
片足を上げるときに～
～～～～～～～～～
～～～～～～～～
4
ペラ
～～～　ペラ ペラ
ペラ ペラ～～～～～
ペラ
ペラ
ペラ
転校生とまどってる…
先生の話は面白いけど、
クラスの説明をしないと時間が…

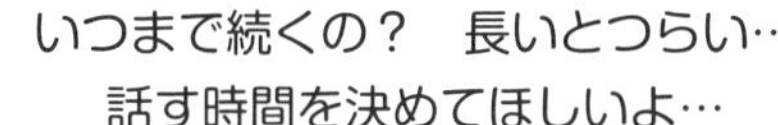
いつまで続くの？　長いとつらい…
話す時間を決めてほしいよ…

友達とのコミュニケーションの
ネタになるから、面白そう！
クラスの雰囲気も和むかもよ
自分が先生になったら、
同じことしちゃうかも…
趣味の話題で子どもたち
と距離を縮めたい気持ち
…分かるなあ！
主役は子ども！
反応をよく見て！

自分の和訳以外はダメ！な先生

ごちゃごちゃの机……でも、必要なものはパッと取り出す先生

どこに何があるか、
確実に把握できてるのがすごい!!

あまり良いとは思えないな…
提出物をなくされたりしたら、
子どもは傷つくよ…

ごちゃごちゃしてるのが
目に入ると気になるから、
片付けてほしいな〜

子どもたちの手本として
きれいにしておいた方が
良いと思う…

本人にとっては、これが
扱いやすいんだろうなあ

先生もいろいろ 5

いつも同じ時間に遅刻する先生

先生
遅いね…
うん、
どうしたんだろう
1

ガラッ
ごめん　ごめん！
つい遅く
なっちゃって…
大丈夫ですか？
2

別の日
先生 来ないな
先週はついって
言ってたけど…
今度は何だろうね
3

ガラッ
ごめん　ごめん！
つい遅く
なっちゃって…
ついって、また?!
いつも 10 分
遅刻してるよな
4

何か事情があるのかな？
授業が面白いなら、まあいいけど

忙しい日だったらわかるかな
でも「ごめん」と言って、全然
変わらないのはよくないよね

ラッキー！　苦手科目の
授業が短くなる!!

自分も準備に手間取って
遅れることがあったな…
準備手順を見直しては？

教師が時間を守らないと
指導になりませんよ！

遅刻は絶対に許さない！先生

アンダーラインを引くのが苦手な先生

ルールはルール！の先生

言ってることは間違ってない…ただ
こんなにきつい言い方をしなくても…

ルールを守るよう指導するのは
先生として
あたりまえだと思う

頭ごなしに怒らず、
どうしてダメなのか、
理由を教えてほしい

ルール遵守が単なる目的
にならないよう、意図や
理由を教えたいですね

自分にもルーズな
ところが… 反省！

レポートは形式が大切！な先生

PART 5

用語解説

PART 1～3の各エピソードで挙げた「Keyword」の中から、
特に知っておきたい用語について解説します
（★印は、コラム内容に関連する用語です）。

［あ行］

応用行動分析（ABA）

B.F. スキナーによって体系化された行動分析学の理論に基づき、教育や福祉に利用するために作られた研究分野。行動の原因を個人要因ではなく、個人を取り巻く環境 (人的環境を含む) との相互作用の結果として捉えようとする。行動の直前にある「きっかけ」とその直後に起こる「結果」に注目し、望ましい行動を教えたり不適切な行動に対処することで、社会生活における問題を解決しようとする。応用行動分析の成果や行動変容に関する原理や技法は、様々な発展を遂げており、ソーシャルスキルトレーニング（SST）、TEACCH やペアレントトレーニングなど実践的な方法論や支援法に応用されている。

オープンクエスチョン　「クローズドクエスチョン・オープンクエスチョン」参照。

［か行］

覚醒度（覚醒レベル）

内的・外的刺激に対して反応する度合い。覚醒度が低いと寝起きのような頭がボーッとした状態となり、刺激に対する反応が鈍くなる。逆に覚醒度が必要以上に高いと過度な緊張状態となり、全体を捉えられずに部分に注意が偏ったり、不要な刺激を無視できず過敏に反応したりする。単純な課題の遂行には覚醒度がある程度高い方が好ましく、複雑な課題には低い方が好ましいといわれている。覚醒度の高さには個人差があり、覚醒が高まる状況はその人の関心や不安の対象によって異なることがある。

過剰適応

文字通り、行き過ぎた適応のこと。一律の定義はないが、「環境からの要求や期待に個人が完全に近い形で従おうとすることであり、内的な欲求を無理に抑圧してでも、外的な期待や要求にこたえる努力を行うこと」とする石津・安保（2008）の定義がよく引用される。つまり、やりたいことや本来の自分の行動パターンよりも、無理をして場に合った言動を優先することを指す。この状態が続くと強いストレスを感じ、不安やうつなどの二次障害が起きることがある。なお「過剰適応」という概念は、個人主義を基盤とする欧米では一般的でなく、日本特有のものとも言われている。

＊参考文献：石津憲一郎・安保英勇（2008）中学生の過剰適応傾向が学校適応感とストレス反応に与える影響．教育心理学研究，56(1), 23-31.

感覚過敏

多くの人にとって何でもない感覚に対して、過度に不快や怖れ・不安を感じてしまう状態。聴覚、触覚、前庭感覚、温度覚、嗅覚など様々な感覚様式にまたがってみられることが多い。感覚過敏の状態は個々の疲労や情緒の状態によって変動し、また予測して活動に参加する場面では大丈夫でも、突然聞こえたり触られたりするような活動では不快感が高まりやすい。支援において、対象児者の行動が過敏さからくる可能性があることを理解することが重要である。

感覚刺激

視覚、聴覚、触覚、嗅覚、味覚、前庭感覚、固有感覚といった各感覚受容器の反応を引き起こすもの。「刺激閾」と呼ばれる刺激を認識する（感覚が生じる）ために必要な最小の刺激強度があり、個人によって異なっている。

感覚統合

感覚入力を脳が上手く使える形に身体の内部や外部の情報（感覚刺激）を組織化すること。生活の中で入ってくる多くの刺激を必要なものと不要なものに分けて整理したり、関連づけたりして、環境に対して適応的な反応を起こすことができる。感覚統合は段階的に発達していき、集中力や自己制御、学習といった能力の発達は最終段階に該当する。学習につまずきがある場合はその基礎となる段階が十分に発達しているかを評価することが重要となる。

感覚特性

個人の感覚処理に関する特有の性質。自閉スペクトラム症において「69 ～ 95% に感覚刺激に対する反応異常がみられること」「感覚の問題と社会性の問題に関連があること」「当事者にとって日常生活の大きな問題であること」などの報告があり、発達障害の評価において感覚特性の評価は欠かすことができない。感覚の問題は本人が周囲に伝えることが難しい場合が多く、環境（場面）によっては問題がみられにくいこともあるため、普段の本人の生活環境をよく知る家族や支援者からの情報収集が重要である。

感覚プロファイル

ウィニー・ダンによって開発された感覚処理に関する質問紙形式の検査であり、実施が簡便かつ十分なサンプルによって標準化されたツールである。周囲には分かりにくい感覚の問題を定量的に示すことができるため、感覚特性を共有しやすく、特性に合わせた支援を考える際に有用である。大きく三つのバージョンがあり、対象年齢（0 ～ 36 か月、3 歳～ 10 歳、11 歳以上）、回答者、質問項目などが異なっている。結果は「感覚刺激に対する反応が起こりやすいかどうか」「刺激に対して能動的か受動的か」という二つの軸によって分類される 4 象限の概念モデルをはじめとして、多様なカテゴリーで対象者の感覚処理を理解することが可能である。

眼球運動

同じ対象をじっと見続ける「固視」、ゆっくり動く対象を視線で追う（追従性眼球運動：パスート）またはある一点から別の一点に素早く視線を動かす（衝動性眼球運動：サッケード）といった「共同運動」、近くを見るのに両目が寄ったり、遠くを見るのに両目が離れたりする「非共同性眼球運動」がある。

環境調整

発達障害支援の領域では、対象児者の特性をよく理解し、本人が過ごしやすい環境を整えることをいう。WHO（世界保健機関）による国際生活機能分類（ICF）においても、障害は個人要因だけで生じるのではなく、環境要因との相互作用により生じるとされる。支援策の立案の際には、まず物理的・人的環境を整えるアプローチとしてできることを考え、その上で本人へのアプローチを検討することが望ましい。また、本人に合った環境調整は、本人が生活面で過ごしやすくなるだけでなく、二次障害を防ぐという点からも重要である。

感情の視覚化（感情のスケーリング）

怒り、不安などの感情の強さを数値化して表すこと。目に見えない感情を視覚化することで、自分の感情に気づき、客観的に捉えて対処する方法をみつけていくように支援する技法。自分の気持ちを温度計や5段階の度数（点数）にするものなど、いくつかの教材が開発されている。

クールダウン

強い興奮やパニック、不安などによって感情や行動のコントロールが困難な場合に、外部からの刺激が少ない環境で情緒的な安定を取り戻すこと。見通しをもちにくく新奇場面に不安を感じやすい、感覚過敏や衝動性があるといった発達障害の特性のある子どもには、学校内に安全基地ともいえるその子に合わせたクールダウンの場を確保することが有効である。

クローズドクエスチョン・オープンクエスチョン

クローズドクエスチョンとは、相手が「Yes か No」または「A か B か」の択一で答えられるような回答範囲を限定した質問の仕方をいう。メリットとして、事実を確認でき、対象児者にとって、返答への心理的負担が少ないことが挙げられ、言葉での表現が苦手な対象児者に効果的である。これに対してオープンクエスチョンとは、「どう思う？」のように、自由度の高い質問の仕方をいう。回答にはその対象児者自身の内的葛藤が表現されていることが多く、その人を理解するのに役立つ。

継次処理

ルリアやダスらによって提唱された同時処理と並ぶ情報処理の様式。継次処理は正しい順番で情報を扱うときに重要となる。例えば正しい書き順を覚える、物語の流れを理解する、手続きに従って計算をするといった場面で求められる。継次処理を行うにあたり、ワーキングメモリーに一連の情報を正しい順番で保持することが必要となる。日常生活では継次処理と同時処理は相補的に行われることが多い（漢字を書き順に沿って書き、見本と見比べるなど）。

傾聴・受容

カウンセリングやコーチングにおける基本姿勢を表す用語。傾聴とは、相手を理解するために「聴く」ことを重視する姿勢によって話し手が自分自身に対する理解を深め、建設的な行動がとれるようになるようサポートすることをいう。受容とは、相手を評価・判断せず、肯定も否定もせずにそのまま受け止めることをいう。話を「聴く」際には、言葉によるメッセージだけでなく、言葉以外の行動（姿勢、しぐさ、表情、声の調子など）にも注意を向け、感情をも受け止めて共感を示すことが重要である。

合意形成

立場の違うものが共通認識をもとに話し合い、折り合いながら相互の意見の一致を図ることやそのプロセスのこと。合理的配慮の提供にあたって、本人・保護者との合意形成が最も重要とされる。

構造化

自閉スペクトラム症（ASD）の人たちへの支援プログラムの一つであるTEACCHプログラムの基本となる支援法。状況理解を助け、他者とのコミュニケーションを支援するために、周囲の環境や情報を理解しやすく意味のある形で整理して示すこと。つまり、構造化は社会の「情報の見える化」といえる。特に、ASDの特性のある人は、自分の周囲で「今、何が起きているか」「この後、何が起きるか」「自分は何をすればいいか」が明確に整理されていないと状況理解が難しく混乱しやすい。そこで、視覚優位の情報処理特性を活用し、刺激を整理してやることがわかりやすい場面設定をする「物理的構造化」、日課や活動の流れを示し、明確で予測可能なものにする「スケジュール」、課題の意味、手順や量を示して自立的行動を促す「ワークシステム」、実物・絵やイラスト・写真・文字を通してコミュニケーションを整理したり、人の構図や社会的ルールも明示する「視覚的構造化」がある。

合理的配慮

学校教育においては、障害のある子どもが、他の子どもと平等に「教育を受ける権利」を保障されるために、学校の設置者及び学校が必要かつ適当な変更・調整を行うこと。学習環境の整備や支援体制など、実際の配慮の提供には「今からできること、これから取り入れること、調整が必要なこと」などを整理し、一人ひとりの障害の状態や教育的ニーズなどに応じて決定していくことが必要である。

★呼吸法

呼吸は自律神経系と関係しており、呼吸法を用いることで自律神経系に影響を与えることができる。息を吸うことで交感神経系が優位となって活動に備えて身体が緊張し、反対に息を吐くことで副交感神経系が優位となって身体はリラックス状態となる。また、浅い呼吸や胸式呼吸は交感神経系を、深い呼吸や腹式呼吸は副交感神経系を働かせる。ストレス状況下において、息を少し長めに吐き、それよりも短く息を吸うことを繰り返すことで緊張を緩和することができる。

こだわり

こだわり自体は一般用語であるが、発達障害の支援現場では、自閉スペクトラム症（ASD）の診断基準にある「限定された反復する様式の行動、興味、活動」を称し、特定の物や状況に固執しそれを常に一定の状態に保とうとすることを指す。同一性保持ともいわれる。物を並べる、特定のものを集める、同じ行動を繰り返すなどのこだわり行動は、想像力（イマジネーション）の障害が背景にあると考えられる。次に起こることを想像することが難しく、自分なりに見通しをもつことができないため、同じパターンを繰り返し行うことで安心を得ようとするための行動である。こだわり行動は、日常生活に支障をきたすと問題行動に捉えられてしまうことがある。一方で、加齢とともに精緻化かつ深化しつつも興味の対象が際立って異常というわけではない場合や、行動のパターン化が日常生活のルーチンにうまく活用されることもある。

コミック会話

キャロル・グレイによって考案された、自閉症などの発達障害のある子どもたちのためのコミュニケーション支援技法のひとつ。ソーシャルストーリーズ™は、ある場面の効果的な対処法を明示するのに対して、コミック会話はその前段階となる場面の状況把握に役立つ。人を棒人間に、言葉や思いは吹き出しにといったシンボルを用いて、目に見えない感情やその場の状況を視覚化して分かりやすくする。やりとりにおける言葉と行動に加えて感情を重視し、その場のやりとりの裏にある感情を視覚化することによって、他者の思いや感情を直感的に理解しにくい発達障害のある人の状況理解を助けるものである。

固有感覚

自分の筋肉を使ったり関節が動いたりしたときに伝えられる感覚。身体の各部分の位置関係や動きに関する情報を脳に提供している。例えば、座っている際の「尻や足の裏にかかる体重の具合」や「背中の筋肉の張り具合」といった情報が無意識下で脳に送られている。固有感覚の情報が利用できないと「力加減が分からない」「身体を上手く動かせない」といったことが生じる。正確な手足の運動を行うためにはこの固有感覚に加えて触覚、前庭感覚、視覚の発達が必要となる。受容器が筋肉や腱、関節の周囲など身体の奥にあることから「深部感覚」「運動覚」「関節位置覚」と呼ばれることもある。

語用論

言語の使用的意味に関わる理論で、言語の辞書的・文法的特徴だけからは決定できない使用規則や文脈意味の決定に関わる要因を扱う。語用論の障害があると「相手と共有している知識がどこまでか分からない」「会話において役割交代ができない」「話題を維持することが難しい（元の話題に固執、あるいは突然新しい話題に移る）」といったことがみられる。

［さ行］

視覚記憶

色や形、動きなど目から入力される情報に関する記憶。記憶機能全般に共通することであるが、注意が向かなかったものは記憶に残りにくく、視覚記憶は視覚性注意との関連が大きい。

視覚的（な）支援（視覚化）

時間の流れや人の気持ち、活動のルールやマナーなど、曖昧で目に見えない情報を具体的で視覚的な情報として提示する支援のこと。例えば、１日の流れの見通しをもたせるスケジュールや持ち物を片付ける場所を示すイラストや写真カードにより自立的行動を促したり、対人関係の構図を示して状況理解を促したりするほか、コミュニケーションツールとしても利用される。子どもから大人まで、様々な特性のある人に対して有効な支援であり、具体物、写真、イラスト、文字など、対象者の興味関心や理解レベルに合わせて情報を提示することが重要である。

視覚認知（視空間認知）

空間の中で物がどのような形や色、動きをしているかといった情報を捉えて、それが何でどこにあるかを認知すること。入力された情報は細分化されて様々な脳部位や細胞に送られてから処理され、最後に統合される。複数の過程を経るため「運動や位置空間構成の把握は苦手だが、絵画の形や色などの詳細な違いの認識が得意」といったような同じ視空間情報処理の中でも得意不得意が生じることがある。平衡感覚や固有感覚、触覚といった他の感覚情報と統合されることで視覚情報を正しく処理することが可能となる。

視覚優位

発達障害の特性がある人の多くにみられる情報処理の特性の一つ。定型発達の人にとっても視覚情報は重要であるが、聴覚情報つまり言語情報を補完するものという役割が強い。しかし、発達障害の特性のある人は、視覚と聴覚の情報処理力に偏りがあり、視覚からの情報処理が優れている人が多い。発達障害の一つである自閉スペクトラム症（ASD）の当事者であるテンプル・グランディンは、著書で「私は絵で物事を考える（Thinking in Pictures）」と表現した。この特性を活用した支援法に TEACCH プログラムの構造化がある。

自己肯定感

肯定的側面だけでなく否定的側面も含めて、ありのままの自分を認め、自分を尊重し、自らの価値や存在意義を肯定する感覚のこと。

自己刺激

自分自身に感覚刺激を与えることで覚醒度や情動を調節するための行動。周囲からは意味の無い行動のように捉えられることが多いが、本人にとっては快刺激を得る、あるいは不快刺激から意識を避けるといった意味をもつことがある。

自己理解

これまでの自分の経験をふり返る中で、自分の得意なこと苦手なこと、強み弱みなどを理解し、客観的に自分をみることができること。自己理解が深まることにより、自分の意思や願いに基づき、自分らしい選択を主体的にできるようになる。

思春期心性

思春期特有の心的傾向のこと。思春期とは、主に 10 歳前後から 18 歳頃までの時期を指し、心と体が子どもから大人に移行する時期である。精神的には、自己意識や仲間意識が高まり、親からの自立と依存の間で揺れる時期であり、葛藤体験を通じて自分を確立していく時期でもある。思春期では様々な問題行動や身体的・精神的症状を示す子どもが少なからずおり、子ども自身では十分に対応できずに不登校や身体症状などの形で現れてきた場合には、適切な対応を学校や専門家と相談しながら、解決の糸口を見つけていく必要がある。

自他の境界

自分と他人を分けている境界線のようなもの。定型発達の子どもでは 2 歳前後になると自他の情動状態を区別できるといわれるが、発達障害の特性がある人の場合、自分と他者の違いについての情報が混同した状態のために、自分に関係のない他者が注意されている場面をみて自分も不安になるなどといったことがみられる。

受動型・積極奇異型

ローナ・ウィングによる自閉スペクトラム症（ASD）の人の対人行動の三類型に、孤立型・受動型・積極奇異型がある。孤立型は、周囲への関心が低く、一人で過ごすことを好むタイプ。「自閉」という言葉から最も連想されがちなのが、この孤立型である。受動型は、対人関係に対して消極的だが、人から話しかけられたり誘われたりすると応じるタイプ。積極奇異型は、対人関係に対して積極的だが、相手の状況や雰囲気などを気にせず話しかけたり、一方的に自分が話したいことを話したりするタイプを指す。

★条件づけ

応用行動分析の技法の一つで、行動の後の「結果」を提示することで行動の制御を行うこと。好ましい行動を増やす「強化」と好ましくない行動を減らす「消去」などがある。

衝動性　「多動性・衝動性・不注意」参照。

情報処理能力

情報処理の過程は、感覚や知覚などから成る「入力系」、注意、記憶、思考、メタ認知、遂行機能などから成る「中枢処理系」、処理された情報を基に身体の動きで表す「出力系」に分類できる。個人差について、同世代集団との違い（個人間差）もあれば、その個人の得意不得意（個人内差）もあり、脳機能に障害がある場合はそれぞれの過程や機能についてアセスメントを行い、その特性を理解することが重要である。

触覚

皮膚に分布している受容器が温度や痛みなどの刺激を受け取り生じる感覚。視覚や聴覚よりも先に発達する感覚の一つであり、誕生と同時に目覚ましい発達を始める。乳幼児期は口を使って外界の識別や探索行動が開始され、その後手が自由に使えるようになると物の手触り、形や大きさを認知したり、道具を使ったりすることで環境との関わり方に変化をおよぼすようになる。また、触覚は情緒との関係も深く、心地よい触覚体験は情緒を安定させることがある。触覚に問題があると身体を環境に合わせて動かすことや、危険回避のための反射的な行動を取ることが難しくなることがある。

自律神経系（発汗機能、体温調整）

血圧、呼吸、体温、消化、排泄といった多くの生理学的なプロセスを調節する神経系。体全体に分布しており、意識的な制御無しで（自律的に）それらの調節が起こる。一つのプロセスである体温は体内での熱の産生、発汗を含む熱を体外に放散することで調節され、幼少期にその機能が発達する。交感神経系と副交感神経系の二つに大別され、状況に応じてどちらかが優位に働く。二つの神経系は反対の働きをする（例：血管は交感神経優位だと収縮し、副交感神経優位だと拡張する）ため、バランスよく二つの神経系が働くことが重要となる。自律神経系は生活習慣が乱れると悪影響を受けやすく、体温調節が上手くできない子どもが不規則な生活を送るとより問題となりやすい。

身体症状

ストレスの反応が身体的苦痛として表される症状のこと。子どもでは、頭痛や腹痛や吐き気などが一般的な症状として挙げられる。自分の思いをうまく言葉で表現することができなかったり、子ども自身がストレスを自覚していないこともあり、心理的なストレスが身体症状となって現れやすい。特定の時間や場面にのみ起こり、それ以外になると症状が治ってしまったりすることもあるため、仮病ではないかと否定的に捉えられることもある。医学的検査で異常がないのに身体症状が長く続く場合には、その症状が子どものSOSサインではないかと考え、子どもの言動をよく観察し、背後にあるストレスを探り対処することが必要である。

★遂行機能（実行機能）

目的のある一連の行動を効率的に行うために必要な認知能力。目標設定、計画を立てる、計画通り実行する、行動の調整や修正といった要素から構成されるが、研究者間で概念が異なることがあり、注意を要する。日常生活において遂行機能の苦手さは「見積もりが不十分」「段取りが組めない（行き当たりばったり）」「適切なタイミングで開始できない」「非効率的なやり方に固執する」といった形で現れやすい。遂行機能は思春期において発達が著しく、また生活の中で要求される場面が増えるため、遂行機能に苦手さがあると、思春期以降様々な場面で周囲についていくことが難しくなりやすい。

積極奇異型　「受動型・積極奇異型」参照。

★セルフコントロール

目の前の刺激や利益に反応せず、長期的・客観的に自分にとって有益となる行動を取るために、認知活動や感情を制御すること。意識的なものと無意識的なものとあり、メタ認知や内言、遂行機能と重なる点が多い。他者視点を含む社会的視点取得や道徳律といった発達との関連がみられる。生活においては目標に沿った行動を維持する、葛藤を抑えるといったことに必要となるため、複雑な作業や集団行動などにおいて重要な能力である。

想像力（イマジネーション）

目に見えないものや抽象的なことを理解し生活に活用する能力のこと。想像力の発達により、予想外の状況でも自分の予想していたこととの共通点をみつけて「そういうこともある」とその展開に至った事情を推測して納得することができ、急な変更でも安心納得して楽しむことができる。一方で自閉スペクトラム症（ASD）の人は、想像力の乏しさのために、不確かな未来のことや曖昧なことを理解しにくく、考え、行動、感情などのリセットが難しく、柔軟性に乏しい行動パターンになりやすい。

ソーシャルスキルトレーニング

人間関係を円滑にし、うまく付き合っていくための社会的対人的スキルを指導するアプローチ方法のこと。「教示」「モデリング」「リハーサル」「フィードバック」「般化」の流れで行う。集団参加や対人関係でつまずきやすい発達障害特性のある子に対しては、具体的な場面を設定しルールやマナー、他者の視点への気づき、他者と折り合いをつけることなどにアプローチする。

ソーシャルストーリーズ™

キャロル・グレイにより考案された、自閉スペクトラム症（ASD）などの発達障害の特性がある人たちのためのコミュニケーション支援技法のひとつ。社会生活上の様々な場面での事柄をいつ、どこで、誰が（誰と）、何を、なぜ、どのようにという5W1Hの情報を構造化し、分かりやすく伝える。場に応じた対応の仕方や考え方を一つのまとまったストーリーとして記述して説明することで、対象児者が自分の意思で適切な行動を選択しやすくするものである。

粗大運動・微細運動

粗大運動は「姿勢の保持」や「歩行」「ボールを蹴る」といった全身を使う運動のことをいう。微細運動は「物をつまむ」「字を書く」「針に糸を通す」といった手や指を使った運動のことをいう。

［た行］

代替行動（行動の置き替え）

応用行動分析で用いられる用語で、不適切な行動を減らすために、その行動の機能を分析し、それと同じ機能を果たしながら社会的に受け入れられる行動に置き替えることをいう。

タイムスリップ現象

杉山（1994）が臨床例をもとに提唱した概念で、「ASDの児童、成人が遙か昔のことを突然に想起し、あたかもつい先ほどのことのように扱うこと」をいう。例えば、友達を突然叩いてしまうといった行為があったとき、本人に聞くと「前に叩かれたから」ということがある。発達に遅れや偏りがある子は、時間の概念の理解が難しいために、過去にあったことや時間の前後関係がバラバラなままにつながり、「前に叩かれた」から「叩き返した」とつながってしまった可能性がある。タイムスリップ現象やフラッシュバック時にはパニックのように強い恐怖や痛みなどが蘇ることもある。対応としては、パニックなどが起きている場合はまずは安全を確保しクールダウンをすること、また本人が落ち着いた後に、その理由を確認し、時間の流れを含めた状況を本人に分かりやすく説明し、相手にも理由を説明して理解を得ることが大切である。

＊参考文献：杉山登志郎（1994）自閉症に見られる特異な記憶想起現象―自閉症の time slip 現象．精神神経学雑誌，96，281-297.

多動性・衝動性・不注意

注意欠如多動症（以下、ADHD）の主な行動特性。多動性は、動きが多くじっとしていられない、順番を待つことができないなどが挙げられる。衝動性は、我慢することができない、行ってもよいか考える前に実行してしまうなどが挙げられる。不注意は、気が散りやすく集中力が続きにくい、忘れ物が多い、整理が苦手などが挙げられる。また、活動の切り替えの苦手さにも影響する。いずれも年齢や発達ステージに不釣り合いで様々な場面で認められる行動特性であり、幼少期から何らかの特徴が認められるとされる。ADHD の特性がある子どもは、落ち着きのなさやミスの多さから周囲から叱責を受けがちであり、思春期以降になって自己肯定感を保ちにくいということがある。その結果、本来の ADHD に起因する行動特性だけでなく、二次的問題が生じる可能性があることが指摘されている。

短期記憶

意識化できる記憶は把持時間によって大きく短期記憶と長期記憶に分けられる。短期記憶は新しい情報をしばらく意識上に貯めておく能力であり、時間的には長くて 10 秒くらいといわれている。また一度に貯められる情報の量に限界がある。ワーキングメモリーを用いて作業を行う際に、短期記憶は必要な情報を提供する働きを担っている。長期記憶と比べて短期記憶は視覚か聴覚かといった情報処理様式との関連が大きい。

★注意機能

目に見えるものや聴こえる音、頭に浮かぶ考えなど、外的・内的情報の中から重要なものを選択し、それに対する脳の反応を増幅させる機能。「騒がしい中で宿題に取り組む（集中する）」「文章の中から必要な箇所を見つける」「話し合いをしながら時間配分を意識する」「ゲームを止めて違う活動に切替える」といった様々な場面において必要となる。注意の容量には限界があり、容量以上の情報が入力されると処理しきれずに「聞き漏らす」「必要なことをし忘れる」「感情的に反応する」「頭が真っ白になる」といった状況に陥ることがある。また、覚醒に問題があると注意が適切に機能しなくなるため、覚醒度についても配慮することが重要である。

聴覚過敏

音や声などの聴覚刺激に対して、通常であれば気にならない程度のものでも不快に感じるような特性。学校での集団生活や音楽・体育の授業などは騒がしくなりがちなため、そのような場にいることは負荷が高まりやすい。

聴覚記憶

音や声など、耳から入力される情報に関する記憶。聴覚記憶はリハーサルする（頭の中で繰り返す）ことで維持され、日常生活において継次処理との関連が強い。

同時処理

ルリアやダスらによって提唱された継次処理と並ぶ情報処理の様式。同時処理は情報を全体的に捉えるときや情報同士を関係づけるとき、パターンを見つけるときに重要となる。例えば、文字や図形を見本と照合する、得られた情報から全体を推測する、よくあるパターンを理解・活用する、個々の情報をカテゴリーとして捉える（例：犬と猫は動物）といった場面で求められる。同時処理を行うには、ワーキングメモリーに同時に複数の情報を保持することが必要となる。

［な行］

内言

ヴィゴツキーの言語発達論において、発話を伴った他者とのコミュニケーションのための言語を「外言」、音声を伴わない（頭の中で話される）思考のための言語を「内言」という。内言は非文法的で、ほとんどが述語からなる自分のためだけの言葉とされる。言語の行動調整機能については、他者の外言による行動調整から自己の外言による行動調整を経て、自己の内言による行動調整が可能となる段階へと変化・発達していく。

二次障害

発達障害の特性がある人においては、その特性（一次障害）に合った支援が受けられず、社会生活における過剰なストレスやトラウマが引き金となって生じた、不安や抑うつなどの心身の症状や精神疾患、不登校や引きこもりなどの状態像を示す。対応ではまず休息をとらせること、本人と相談し、必要であれば医師など専門家の意見をきき、支援を見直すことが重要である。

ノンバーバルコミュニケーション

言葉以外での情報を用いたコミュニケーションのこと。具体的には、ジェスチャー、表情、会話の間などが挙げられる。二者の対話では、その半数以上はノンバーバールな手段によって伝えられるといわれているが、自閉スペクトラム症（ASD）の人はこの使用が少なく、また読み取りが苦手なことが多い。

［は行］

パーソナルスペース

「自分自身がもっている個人的空間」のこと。相手との関係や状況に応じて大きく変化する。例えば、親しい友人と会話する際には違和感はないが、見ず知らずの他人が近くに居ると何となく落ち着かなくなったりする。

★バイオフィードバック

体内の状態を測定し、その情報を画像や音といった形で自身が意識できるように呈示することで、脈拍や体温といった無意識下で調節される生理反応を意識的に制御しようとする技術や現象のこと。通常は工学的な測定器を用いることが多いが、感情のスケーリングなどの視覚的な支援を用いて「現在体内がどういう状態で、何をすれば変える（リラックスするなど）ことができるかということを理解し、その理解を基に自分自身の状態をコントロールしようとする」ことも広義のバイオフィードバックといえる。

場面緘黙

家では家族と普通に話せるのに、学校などの特定の社会的状況や家族以外の人がいるような場面になると話せなくなる状態。話をしないのではなく、不安や緊張のために話せない状態である。自閉スペクトラム症（ASD）にみられる対人コミュニケーションの苦手さとは異なる。支援では、発話することよりも不安軽減をはかり、本人が安心できる場所・相手との間で活動を増やしていくことが望まれる。

パワーカード法

アイリーサ・ギャニオンによって開発された、自閉症などの発達障害のある子どもたちのためのコミュニケーション支援技法の一つ。子どもの特別な興味を活用し、適切な対人行動や期待される行動、暗黙のルールなどをわかりやすくする。紙に対象児の興味の分野における「ヒーロー」がどのように問題解決するかを書く。また小さいカード（パワーカード）に子どもが同じような問題場面を自分でどのように解決すればよいかを箇条書きにして使用する。どの支援技法においても、子どもが教師などの大人とよい関係を築いていることが使用の前提であるが、さらに罰や禁止をするためではなく、子どものニーズを満たすものとして活用されるべきである。

ビジョントレーニング

「眼球運動のコントロール」「立体視の能力」「視覚認知機能」といった目の機能を向上させることを目的としたトレーニングの総称である。学校教育においては、「字や行を読み飛ばしてしまう」「板書を写すのに時間がかかる」「図形の問題が苦手」といった子どもに適応されることがある。トレーニング内容を組むために行うアセスメントでは、「目の機能」だけではなく「他の認知機能」や「全般的知的能力」についても幅広く行い、ビジョントレーニングが優先されるべきかの検討が必要となる。トレーニングの手段にはプリントやパソコン、ブロックなど様々あり、年齢、意欲、性格も踏まえて難易度を調整し、段階的に進めていくことが推奨されている。また、個々の特性に応じて学習指導を行うためにはトレーニングだけではなく、同時に環境調整を行っていくことが重要である。

疲労

生命を維持するために身体の状態や機能を一定に保とうとして発せられるサイン。同様のサインとして痛みや発熱などがあり、それ以上の活動を制限するために働く。「不注意のある子どもが見落としの無いように念入りに確認する」「姿勢を保つことが難しい子どもが正しい姿勢で過ごす」など、苦手な機能を使った後は疲労が蓄積されやすい。疲労が蓄積した状態では認知機能は十分に働かずに「注意が切り替わらない」「衝動的に反応する」といった反応が生じやすくなるため、適宜休息を取ることが望ましい。

不注意　「多動性・衝動性・不注意」参照。

不定愁訴

原因がはっきりとしない漠然とした身体の不調を訴えること。心の問題と密接に関係していると考えられ、頭痛や腹痛、イライラするといった症状が多くみられる。子どもにこれらの不調が何日も続く場合は、小児科などを受診して身体に異常がないかを確認するとともに、睡眠や食事など基本的生活習慣を整えること、子どもの話をよく聴き、背景にあるストレスや不安にも目を向けて対処することが必要である。

平衡感覚

空間の中でバランスが崩れたときに上手に姿勢を立て直す感覚のことで「前庭感覚」とも呼ばれる。三半規管と耳石器といった器官から送られた地面の傾きや重力、加速の情報を伝える感覚と「視覚」や「固有感覚」の情報を合わせることでバランスを保ったり、整えたりする。平衡感覚の情報は覚醒度や自律神経系とも関連し、頭を勢いよく振るような動きは覚醒度を高め、一方でゆったりと身体が揺れることは緊張を和らげるといった効果がみられる。

ボディイメージ

脳に蓄えられた身体の形や大きさ、その機能などに関する情報のことで、自分の身体を上手く使うために必要となる。例えば鉄棒の下をくぐるときに、鉄棒の高さ（環境）に合わせて自分の身体の動きを自動的に調整するために用いられる。また、手の届かない所にある物を取るときに棒を使う際、ボディイメージは棒の先まで拡大するなど、固定的ではなく、状況に合わせて変化していく。ボディイメージは「地理的側面（大きさや身体の部位）」と「機能的側面（どのくらいの運動ができるか、力が出るか）」に分類でき、「身体図式」や「身体像」とも呼ばれている。

［ま行］

見通し

この先どのようになるかの予測ができること、またそのための情報。この先何が起こるのか、いつ終わるのか、どのような手順で行うとよいかといった、時間、活動の流れや手順を視覚的手がかりを用いて提示することで、自立的な活動への参加を支援する。

メタ認知

自分自身の知覚、記憶、思考といった認知活動を客観的に評価し、制御する能力。「自分は記憶力はよいが不注意が多い」といった知識的側面と、「問題数が多いプリントはケアレスミスしやすいからよく見直す」といった活動的側面に分類することができる。知識を習得したからといってすぐに生かせるわけではなく、生かすためには遂行機能などの他の認知機能も必要となる。言語機能をはじめとした一人ひとりの能力・発達状況を踏まえて、メタ認知を活用・支援していくことが重要である。

目と手の協応

目から入ってくる情報に合わせて手を動かすこと。「ボタンをとめる」「見本を見ながら字を書く」「飛んできたボールを打つ」など、生活の様々な場面で求められる。

［や行］

ユニバーサルデザイン

国籍、年齢、性別、障害や能力の差などに関わらず、誰でも分かりやすく、使いやすい物や環境を設計（デザイン）すること。教育現場の実践例では、教室の壁面の掲示物を極力減らして、注意集中を妨げる刺激の少ない環境を作るなどの工夫が挙げられる。

予期不安

何らかのよくない物事が起きることを想像して、再び起こったらどうしようと不安がつのるなど、近未来に対して不相応に強く漠然とした不安を感じること。不安や緊張自体は誰でも感じる感情の一種であるが、理由がないのに生じる、または不釣り合いに強い、原因がなくなっても持続するといった場合には、専門医に相談することが望ましい。

［わ行］

ワーキングメモリー

目標達成に向けて取り組んでいる間、必要な情報をいつでも利用できるように頭の片隅に留めておく能力。「話を聞いている間、何の話題だったかを覚えておく」「ノートに書いている間、黒板に書かれたことを覚えておく」「休み時間の間、次の授業が何かを覚えておく」といったように生活のあらゆる場面で必要になる。日常生活において、視覚情報と聴覚情報が同時に提示されることも多いが、検査では聴覚情報の処理のみで結果が算出されることもあるので注意を要する。ワーキングメモリーの容量には限界があり、個人差があるため、容量に合わせて情報の伝え方や伝える量を調整することが求められる。「注意が逸れると必要な情報が思い出せなくなる」「目標が曖昧だと必要な情報も曖昧になる」など、注意機能や遂行機能との関連性が高い。

あとがき

中学校の学級担任、教科担任、そして、通級指導教室の担当者として、たくさんの生徒たちと出会ってきました。一生懸命で、優しく健気で、時にひょうきんな生徒たち……。一方で彼・彼女らは、融通が利かず、空気が読めず、やる気がなく、生意気な生徒として捉えられ、とても傷ついていることもありました。

同じようにたくさんの先生たちにも出会ってきました。熱い想いを正面から生徒たちにぶつけているのに、その想いが伝わらないことをもどかしく思う先生、気持ちが通じない生徒にどう接していけばいいのか思い悩んでいる先生……。そして私自身、生徒の激しい不適応行動への対応に一喜一憂し、疲労困憊の日々が続いたこともありました。目の前で困っている生徒のために、自分たちができることは何だろうと、仲間の先生たちと語り合いながらも、具体的な解決策が見つけられず、次々に起こる「生徒指導」に翻弄され、気づけば自分たちの方が困り果てていました。生徒のためだったはずのエネルギーは空回りし、いつしか困った行動の対応に終始している状態でした。

ところが、彼・彼女らと卒業後数年して街中で偶然出会うと、「あぁっ、先生！　お久しぶりです」と、あの頃の延長線上とは思えないような穏やかな再会となり、いったい何が起きたのだろうと戸惑うこともありました。自分たちが無意識にとっていた対応の何かが、時には功を奏していたのかもしれません。

その後、通級指導教室の担当者になると、生徒たちとの関係性はこれまでとは大きく違ったものになりました。そのせいか、自分自身のことも含め、生徒の在籍校の先生たちの想いを客観的に捉える視点が出てきました。そして、伝わらない想いをもどかしく思ったり、生徒との日々の関わりに迷ったり、激しい不適応行動に振り回されたり……、そのような先生たちのエネルギーが、目の前で困っている生徒たちに直接結びつくようにしていくことも、自分たちの役割であると思うようになりました。生徒たちの言動の背景にある発達特性を知ってもらうことで、「困っている生徒たちをなんとか救いたい」という想いのある先生たちのエネルギーが空回りすることなく、生徒たちへの支援・指導に向かってほしいという気持ちが強くなってきました。

そこから、多忙を極める現場の先生たちが、ふと手に取りたくなるような支援・指導のヒント集を作れないものかと考えるようになりました。そして、通級指導教室に通ってくる生徒たちや、かつて出会ってきた生徒たちとのエピソードをもとに、原稿を書き始めました。1つのエピソードについて見開き1ページとし、どんな場面かをイメージできるようなタイトルと4コマ漫画、解説文と支援・指導のヒントを載せました。そこで説明しきれなかったものは、キーワードとして示し、必要に応じて調べてもらう……、原則このルールで少しずつ原稿を書き溜めていきました。この段階では、いくつか溜まったところで冊子を作り、必要としていただけそうな先生に参考資料としてお渡しできたらという気持ちでしたが、突然の人事異動で職場環境がガラリと変わり、これらの原稿は中途半端のまま、しばらく眠った状態となっていました。

それから一年ほど経った頃でした。全く別の件で日戸先生と打ち合わせをしたある日の帰り際、ふとしたことからこの原稿の話となりました。そして2週間後には、なんと本にしてみないかというご提案をいただきました。さらに杉本社長をご紹介いただき、具体的な話となっていきました。違った視点からのエピソードがもっとあった方がよいということで、身近に居る「想い」を感じる方々に声をかけてご協力をいただきました。多忙な業務を終えた帰宅後の貴重なプライベートの時間を割いていただき、やっとのことで皆さんの原稿が集まりました。日戸先生に報告すると、「上質の素材が集まりましたね。次はこの素材をフルに活かして、ご馳走にしてくれる料理人に頼まなければね」とにっこりとされています。萬木さんの登場です。

「読者にとって読みやすい」という視点で、現場感溢れる原稿が整理されていきます。無意識に記録していた各エピソードは、「どうしてこんな言動をするのだろう？」という先生たちのギモンと、生徒たちの言葉にならない気持ち（時に溢れ出る言葉）に分けられるのでは……？　という視点をいただき、章立てがされました。萬木さんからはもっとわかりやすい表現であったり、言い回しであったりをして「読みやすい」に向けた整理のご提案をしていただいた部分もあるのですが、そうすることで実際の学校での出来事感が薄らいでしまいそうなところについては、学校現場の感覚を尊重していただきました。

また構想の段階で、あったら嬉しいけれど、作成の負担はかなり大きいと思っていた用語解説の執筆をご担当くださった白馬さん、玉井さん。お二人とは有志の集まる勉強会で何度かお会いしていたので、安心してお願いすることができました。

そしてイラスト担当を快く引き受けていただいた髙田さんと一緒に一冊の本を作り上げることができたことは、教師冥利に尽きる想いです。これまでたくさんの生徒に助けられてきましたが、髙田さんも困っている先生（私）を支えてくれたかつての生徒の一人です。

原稿を書き始めたときの私の想いを大切にしつつ、それが実際に多くの子どもたちの支援につながる形になるよう、道しるべとなってここまでひっぱってくださった日戸由刈先生、そして趣旨に賛同し、私たちの想いを形にしてくださった学苑社社長の杉本哲也様、本当にありがとうございました。

ここに挙げた方々のみならず、たくさんの支えがあったおかげでこの本が出版されることに、心から感謝いたします。

安居院みどり

著者紹介（所属は初版第1刷時）

監修者

日戸由刈（にっと　ゆかり）
相模女子大学人間社会学部人間心理学科教授。博士（教育学）。公認心理師・臨床心理士・臨床発達心理士スーパーバイザー。専門は障害者障害児心理学（自閉スペクトラム症）、心理的アセスメント。主な著書：『アスペルガー症候群のある子どものための新キャリア教育』（共著、金子書房）、『わが子が発達障害と診断されたら―発達障害のある子を育てる楽しみを見つけるまで』（共著、すばる舎）『発達障害の子の立ち直り力「レジリエンス」を育てる本』（監修、講談社）など。

編者

安居院みどり（あぐい　みどり）
横浜市教育委員会指導主事。公認心理師・特別支援教育士・学校心理士。主な著書：『中学校 通級指導教室を担当する先生のための指導・支援レシピ―今日から役立つ！基礎知識＆指導アイデア』（分担執筆、明治図書）。

萬木はるか（ゆるぎ　はるか）
京都市発達障害者支援センター「かがやき」主任。公認心理師・臨床発達心理士。主な著書：『アスペルガー症候群のある子どものための新キャリア教育』（分担執筆、金子書房）、『公認心理師の基本を学ぶテキスト17　福祉心理学―福祉分野での心理職の役割』（分担執筆、ミネルヴァ書房）。

執筆者（50音順）

安居院みどり（あぐい　みどり）横浜市教育委員会指導主事
雨宮　端（あめみや　はじめ）　横浜市教育委員会指導主事
井戸大輔（いど　だいすけ）　横浜市立特別支援学校校長
鹿又守雄（かのまた　もりお）　横浜市立小学校主幹教諭
鈴木綾子（すずき　あやこ）　横浜市立小中学校スクールカウンセラー
竹田智之（たけだ　ともゆき）　横浜市教育委員会指導主事
玉井創太（たまい　そうた）　横浜市総合リハビリテーションセンター公認心理師
白馬智美（はくば　ともみ）　横浜市西部地域療育センター公認心理師
森重　淳（もりしげ　じゅん）　横浜市立中学校教諭

イラスト・執筆協力
髙田ありさ　大学生

装丁
三好誠

「子どもの気持ち」と「先生のギモン」から考える
学校で困っている子どもへの支援と指導

2021年10月10日　初版第１刷発行
2024年９月１日　初版第６刷発行

監修者　日戸由刈
編　者　安居院みどり・萬木はるか
発行者　杉本哲也
発行所　株式会社　学　苑　社
東京都千代田区富士見２－10－２
電話(代)　03（3263）3817
fax.　03（3263）2410
振替　00100−7−177379
印刷・製本　藤原印刷株式会社

検印省略

ISBN978-4-7614-0827-5 C3037